中层管理者手册

一　龙　编著

吉林文史出版社

图书在版编目（CIP）数据

中层管理者手册 / 一龙编著. -- 长春 : 吉林文史出版社, 2020.1（2024.8重印）

ISBN 978-7-5472-6712-7

Ⅰ. ①中… Ⅱ. ①一… Ⅲ. ①企业领导学－手册 Ⅳ. ①F272.91-62

中国版本图书馆CIP数据核字(2019)第259476号

中层管理者手册

ZHONGCENGGUANLIZHESHOUCE

编　　著　一　龙

责任编辑　张雅婷

封面设计　末末美书

出版发行　吉林文史出版社有限责任公司

地　　址　长春市福祉大路5788号

电　　话　0431-81629353

网　　址　www.jlws.com.cn

印　　刷　北京永顺兴望印刷厂

开　　本　880mm × 1230mm　1/32

印　　张　4

字　　数　80千

版　　次　2020年1月第1版　2024年8月第2次印刷

定　　价　19.80元

书　　号　ISBN 978-7-5472-6712-7

前　言

\PREFACE\

中层管理者作为一个规模相对较大的群体，以经理、主管、主任、部长、科长等职位，广泛存在于国企、外企、私企、党政机关和社会组织中。中层管理者由于其在组织中地位的特殊性，决定了其职务的重要性和复杂性。从地位看，中层管理者处于高层和基层之间，这决定了中层管理者必须身兼多重身份，既是下属又是管理者。作为下属，中层管理者必须全力执行高层的决策，满足上司的期望；作为管理者，中层管理者必须发挥领导艺术，充分调动员工的积极性，共同完成本部门的工作任务。同时中层管理者作为组织中重要的枢纽，在纵向上要沟通好高层与员工之间的上下关系，横向上要协调好与同级各部门之间的左右关系。因此，只有中层管理者充分发挥作用，才能使整个组织形成一个血脉贯通的有机整体，做到上下一致、同心同德，为共同的目标各司其职、各尽其才。反之，如果中层管理者不称职，将影响整个组织的凝聚力，给管理和决策的贯彻带来巨大障碍，导致人心涣散，组织松散，运作低效。

《中层管理者手册》针对中层管理者工作任务及处境的特点，从开局与定位、权力运用、用人之道、激励手段、决策方略、沟通艺术等方面系统介绍了中层管理者应掌握的领导艺术，是每一位有心成就卓越的中层管理者应备的日常管理工具书。

本书借鉴和吸收了现代企业管理学术界权威人士的最新成果，同时参考了西方一些先进的理论，将之与我国各组织中层管理者的实际状况和管理水平相结合，熔理论与实践、东方与西方为一炉，体现出与时俱进的宗旨，兼具实用性和指导性，既注重为中层管理者在管理工作中遇到的各类难题提供有效的解决方案，又为中层管理者提高自身素质、实现晋升提供理论支持。作为中层管理者，不管您的职位是部门经理、人事主管、财务部部长，还是办公室主任等；不管您所在的单位是国企、外企、私企，还是党政机关、社会组织；不管您是在位多年的中层管理者、刚上任的中层管理者，还是即将晋升的中层管理者，都可以将本书作为培训教材进行自我学习和提高，使自己的工作更上一层楼。

目 录

\CONTENTS\

⊙第一章⊙

新任中层管理者的开局工作

一个中层管理者能否发挥其应有的作用，取决于其能否随着被领导者的变化而变化，随着环境的改变而改变。一个刚刚进入组织体系的中层管理者，做好开局工作将会为以后的管理工作奠定一个良好的基础。

准备好首次亮相

在中层管理者走马上任之前，就该考虑以何种形象作为就任中层管理者的首次亮相。中层管理者的形象应注意三个方面的内容：所在部门的性质、本人在部门的职位以及他人对自己的观感。首先，一个商店和一个学校绝不会给大众以相同观感。其次，在部门里，领导穿的外套和一般员工相同吗？当所有的员工都身着白色外套时，领导的穿着是否与大家相同？在自己的办公室里，是否大多数的女员工穿裙子或休闲裤，而女领导穿着正式的套装？大多数男领导都打领带吗？最后，在考虑上述两个方面的形象问题后，中层管理者也应依据自己的品性习惯对自己的服饰及外表适当地加以修饰，以体现自己的个性。虽然都是领导，但领导与领导之间是有形象差别的。

众所周知，一个人的穿着通常会影响他的行动，我们都会根据服装的不同而变换自己的举止言行。例如，穿夹克的时候总会站得更直些，与人握手的力度也稍大。穿牛仔裤的时候，人们会跷起二郎腿坐着，但穿套装的时候总是坐得笔挺。作为一个中层管理者，你的服装用不着很昂贵，但必须适合你且剪裁得体。

中层管理者首次亮相的形象不仅指衣着形象，还应包括言语形象。在确定衣着形象的同时，也应着手准备好言语形象。在中层管理者首次亮相时，中层管理者的言语将会给自己的领导和员工传递一定信息，这些信息会影响其他领导和员工对自己的第一印象。得体的言语，会让自己在他们心中留下好感。因此，在中层管理者首次亮相之前，应该认真准备自己的首次演说和日常言语表达形象。

俗语说得好，言为心声。语言是反映一个人心灵的镜子。随和的态度、谦逊的语言、适时地使用一下人们认为亲密而又不失分寸的幽默言辞，会缩短中层管理者与员工之间的距离，让自己更具有亲和力。在中层管理者刚刚上任之时，尤应着重树立这种日常言语表达形象。

为了使自己的首次演说成功，还需要充分准备好演说稿。中层管理者应写好讲稿，讲稿的好坏是自己演说成功的关键。演讲时要情绪饱满。热情是具有感染力的，听众会与满腔热情的演讲者产生共鸣。因此，中层管理者应努力使演说充满活力。此外，还应善于把握现场气氛。现场的情况可能会与自己事先设想的场景不同，这时就应随机应变，充分发挥自己的智慧，调动现场听众的热情。

在中层管理者确定了自己的衣着形象和言语形象后，便可以利用首次亮相前的一段时间，好好地做一番练习，以保证自己首次亮相的成功。

开局的注意事项

新任中层管理者，如果自我期望值过高，脱离自身的实际能力和单位的现实状况，就会影响自我成就目标的实现，也会给工作带来损失。以下几点应当引起新任中层管理者的足够重视。

一、不要摆官架子

新任中层管理者走上岗位以后，虽说权力有了、地位高了，但是一定要体现谦虚谨慎的优良作风，千万不要趾高气扬、忘乎所以、处处摆官架子。如果老的领导者有一点儿官架子，下属或许还可以谅解；可是如果新的领导者刚一走上领导岗位就官气十足，立刻会引起下属的反感。下属对你有反感，就不可能信任你、支持你，离开了下属的信任和支持，你纵有再大的本事，也难以施展。

二、妥善处理各种人事问题

在处理人事问题时，抓错重点和做错事没什么两样，都会让中层管理者陷入困境。人事问题的重要程度各不相同。当问题不只一个时，首先要解决最严重的问题。在处理人事问题的时候，以下情况要特别注意：

1.员工态度不恭，得罪了一位重要的供货商。

2.员工不听从指挥。

3.一位平常工作出色的员工弄糟了一项重要工作。

4.员工做事没有条理，经常误期。

5.员工不喜欢自己的工作。

6.一名员工向好几位同事借了钱不还。

7.员工内部存在严重冲突。

8.你新接手的一批员工原来的工休时间太长。

三、不要言而无信

作为一个新上任的中层管理者，为了树立自己言而有信的形象，应该说到做到，不能兑现的问题不轻易许诺，没有把握做到的事情不讲，以免工作被动，失信于人。

四、抓紧熟悉新业务

中层管理者上任伊始，要尽快熟悉新业务，首先应从以下几点入手：

1.从资料、文件和部属的工作汇报中，了解新岗位的工作性质、工作内容、工作重点。

2.加强调查研究，在学习的基础上，进一步了解新岗位的工作状况、工作成绩以及存在的问题和产生问题的原因。

3.找准工作重点，从事情和问题的解决中了解单位的工作现状。

4.慎提新思路，尤其是在情况还没有十分明确的时候，要延续前任的思路，不要标新立异。

中层管理者只有对新岗位上的工作熟悉了，把事做好了，才能赢得部属的信赖与支持。

五、不要唯权是抓

有的新任中层管理者总有一种强烈的权力欲，生怕自己分管的工作被别人说了算，似乎听了别人的意见，就像当了傀儡一样。作为一名中层管理者，说了算是应当的，但必须是在集思广益的基础上，拿出的是正确意见，事必躬亲也无可厚非，可旁若无人，唯权是抓，最后只能成为孤家寡人。

熟知团队的目标

作为新上任的中层管理者，必须明确而清晰地认识到上级部门对自己的团队所抱有的具体期望是什么，公司的高层领导就是中层管理者了解这些的源泉。

然而，公司的高层领导常常并不会把他们对产量的要求明确地告诉中层管理者。因此，中层管理者得自己想办法知道应该完成多少工作量；产品质量的标准是什么；分配给自己完成一项工作的时间有多长。中层管理者应寻找合适的时间来和高层领导充分地讨论一下这些问题，以便得到令自己满意的答案。

了解企业目标，有利于中层管理者因地制宜地选用最合适的人才。

实现近期目标——选用具有脚踏实地、埋头苦干、精明果断、干练、有创见、能领会上司意图的员工。

实现中期目标——选用具有一定战略眼光，既能透彻了解本地区、本公司的局部情况，又能看见周围地区的发展形势、有胆有识、敢想敢干的员工。

实现远期目标——选用立志高远、目光远大、具有较强宏观思维能力、能够预测客观事物的发展趋势，同时又有坚忍不拔、百折不挠的意志，能够广泛团结群众的中青年员工。

作为一个新上任的中层管理者，人们会希望你尽快与他们打成一片。在学习做好日常工作细节的同时，也要睁大你的眼睛，竖起你的耳朵，收集一切对你有帮助或该知道的信息，从而在你的脑海里勾画出部门的发展蓝图。

当人们确切地知道他们个人或集体的工作会产生何种效果时，他们的工作热情会更高。如果员工知道为什么要这么做的话，整天地填表或拧螺丝也会变得有意义起来。令人奇怪的是，在一定的情况下，一些员工喜欢一成不变、单调而且简单的工作，但同时，他们仍然希望自己是大机构的一部分。

所以，中层管理者不妨把你的团队的目标告诉员工们，这样，他们不仅会感到自己确实是团队的一部分，而且也会明白他们的工作如何与团队前途密切相关。如果你的员工干得不错，你自然面上有光；如果你干得好，你上司也觉得很有面子。一个中层管理者总是要在上司的要求和下属的需求之间两头奔忙。你的一个主要职责就是把员工们的需求反映给上司和把上司的要求传达给员工。一个中层管理者的作用就好像是一个缓冲器，在高级管理层和员工之间起到缓冲作用。

新上任的中层管理者往往还是不能把自己和员工分开，仍以员工的眼光来看待问题。但是，情况已今非昔比了。现在该是你以领导者的眼光看待问题的时候了，你现在已经是管理阶层的一员了。尽管如此，也许你仍会觉得对你的支持更多来自你的下属们，而不是来自你的同级或上级。千万要注意别落入了安逸的圈套，你得去了解你的新同级们，与他们一样行事，而不是与你的下属们一样行事。当你弄清楚了这些事之后，你就能决定你该用什么方式去达到你的目的了。

解决遗留的问题

新任中层管理者开展工作之初，应着重解决部门的先前遗留问题。此时，中层管理者应对本部门的业绩状态、团队状况以及自身异于前任的领导风格做一番周密的分析，对先前遗留的问题做一番详尽的调研。

新任中层管理者应当意识到：拖延只会让问题更加严重，也会让下属质疑你的能力。在解决事情之前，要先确定你已经知道全部事实。有时候一个问题的出现，背后其实隐藏着更深的问题。另外，要懂得区别员工究竟只是一时出问题，还是他本人是否就是一个问题员工。如果你无法分辨，很可能会失去一个好员工的忠诚。

而这些是每一个新任中层管理者都会遇到而且必须认真面对的实际问题。只有“新官厘清旧事”，才能理顺关系。旧问题往往都是难事情、硬骨头，通常具有以下特征：

1.涉及时间可能很长，少则三五年，多则十几年，理顺起来既繁又难。

2.涉及部门或人员可能很多，整理起来既要查前因又要追后果。

3.涉及前任领导，要厘清可能会“一石击起千层浪”。

4.涉及的政策可能已经变化，时过境迁，要厘清将会非常困难。

如何解决旧问题？作为新任中层管理者，既不能因难不办，又不能不加考虑匆忙而办。不办，当事人就可能不断尝试解决，今天找这关系，明天找那关系，时时给你添乱；办，由谁来办，怎么办，会不会引起新的不良后果……所有这些，自然让人头痛心烦。

要解决这类问题，新任中层管理者必须坚持四个原则：

1.就“熟”原则。要尽可能交给原承办单位和承办人，因为他们情况明、政策熟，便于解释。

2.就“近”原则。要尽可能找到当事人及其相关的人，讲清道理，以免老问题翻成新问题。

3.就“情”原则。要尽可能以同情的心态，做耐心说服教育工作。

4.就“理”原则。对的确是因不公而造成的问题，要主持公道，想方设法帮助解决。化解旧问题，处理难事情，既可帮助自己更深入地了解情况，还可以增加下属对自己的信任感，扩大自己的影响面。

成功地营造自我

作为一名新上任的中层管理者来说，困难很多。中层管理者必须利用自己所有的时间，勤奋地努力，成功地营造自我，以此来克服存在的重重困难。

一、分析自己的能力和优缺点

中层管理者必须详细地分析自己的能力和优缺点。

中层管理者必须养成隔一段时间，就检讨一次自己得失的习惯，对于自己得方面的优点、才能和特长，充分发挥；对自己的不足之处、缺点，必须尽全力地去克服、弥补。

二、彻底了解自己的本职工作

要想做领导就必须彻彻底底地了解自己的本职工作，但仅仅知道自己的本职工作和职责还不够，还要对自己的本职工作和工作职责之外的公司整体发展政策有一定的了解。

当中层管理者对本职的工作有了基本了解后，还要有一个积极进取的工作态度。

三、把握好部门的关系协调

中层管理者要想工作顺利就必须与公司的整体工作情况相互配合、相互协调，还必须对公司的工作性质相当熟悉，进而对公司里的整体作业情况及与其他单位或购买者之间的关系有一个清楚的了解。

四、对部门里的事多做一些了解

任何一个公司机构，都是由很多相互联系、相互影响的有关部门组建而成的一种机构体系。

为了完成好一个领导者的任务，中层管理者必须把自己职责范围内的所有工作当作一个整体并对它的组织情况、过去的历史、内部政策和现在的作业状况有一个充分的了解。

中层管理者要想有更强的能力承担更重大的责任，就要对部门里的事情多做一些了解。

五、搞好人事协作关系

一名中层管理者假如想把工作做得更顺利一些，就必须对他手下主管人员的人格、特点、习惯、理想、爱好和憎恶有一个充分的了解。每一个杰出的中层管理者都会对其手下员工的职责和困难进行深入的调查分析。

再也没有比领导者关怀下属更能鼓舞员工士气的了。

六、了解公司和所涉及的产业状况

中层管理者越了解自己的公司和公司所涉及的产业状况，其眼光越高。中层管理者不但要了解他的竞争对手，而且还要弄清楚公司与购买者之间的供销关系。只有做到这些，中层管理者才可能会发现眼前的发展机遇及可能发生的问题。

七、必须是分析家和经济家

能够避开经济大局的控制和影响的公司很少。一次即将来临的钢铁业罢工，它间接对一个服装生产商也会产生极大的影响。

就像离我们很远的地方的经济危机，也会影响到本地的食品生产商的原料来源和产品销量一样，政府政策的突然改变，很可能并且常常会造成一连串的经济反应，可能会影响到全国商店的收支状况。

⊙第二章⊙

新任中层管理者的角色认知

中层管理者在企业中具有重要的承上启下的作用，是企业中上传下达的重要环节。企业的战略目标和计划及其执行情况、员工对企业计划的意见、企业所面临的社会环境的变化等，都需要中层管理者来传达。中层管理者在企业中，一方面起到向基层管理者推行高层决策的作用；另一方面也负有将基层管理者在实施过程中发现的问题向高层管理者进行反馈的职责。中层管理者是高层管理者和基层管理者之间进行沟通的重要桥梁，在上传下达的过程中起着“二传手”的作用。中层管理者只有认识并适应自己的角色转换，方能顺利开展自己的各项工作，并最大限度地发挥自己的水平。

中层管理者的角色转换

中层管理者既是企业高层的下属，又是企业基层的上级，同时与平行部门又是同级关系，另外还是外部的供应商和客户。因而，中层管理者实际上需要经常转换角色，这就很容易出现偏差。所以，角色认知能力在其管理作用的实现方面起着基础作用。一个出色的中层管理者，应当是“经营者的替身”，代表高层对某一个部门、某一个项目实施有效的管理。一个出色的中层管理者，应当是其他中层管理者的“供应商”。也就是说，公司里的其他部门、其他同事是自己的“内部客户”。一个出色的中层管理者，应当是下属的榜样和教练。一个出色的中层管理者，应当是客户的朋友和顾问。

在着手新的工作时，先要和上级领导与昔日同事尽早建立工作关系，要找个机会，分别与上司、同事和所有的下属见面，了解他们的职责、想法，尽可能多地收集新的工作领域的员工信息，做到心中有数。切记：只有知己知彼，方能百战不殆。大家对你怎样看待，直接关系到你的工作该如何着手。

新任中层管理者角色转换的一个尤为突出的特征是：当中层管理者走上领导岗位后，由基层“战斗员”变成了“指挥员”，由“运动员”变成了“教练员”，工作性质从一定意义上讲由“劳力”转变为“劳心”。中层管理者的工作任务主要是“两谋”：一是“谋事”，即出主意；二是“谋人”，即用干部。

一方面，新任中层管理者要开动脑筋，殚精竭虑，善于“谋事”，包括明确工作指导思想，把握重点难点，安排实施步骤，把握最佳时机，采用最优办法。另一方面，新任中层管理者还要在“谋人”上下功夫，这主要包括如下内容：

一是要认真了解各个部下的特点，特别是优点长处，对其适合从事哪些工作要有深入细致的考虑，努力做到“好钢用在刀刃上”，充分用人所长。用干部，要从事业出发而不能凭个人的亲疏好恶，要力求把人用好、用活。

二是要搞好部下之间的协调，做到在工作中步调一致、团结一心、和衷共济。

三是要关心和激励部下，在分配工作任务，特别是比较重要甚至影响全局的任务时，要清楚明白地说明任务的每个细节，不要模棱两可，或者说一半留一半，弄得部下无所适从。

同时，要及时向他们询问任务执行的可行性以及他们的难处，不要分配完任务后便万事大吉，不闻不问。及时询问既会使部下感到你对他们的尊重和关心，你还可以发现新问题，想出新办法，获得新启示。

另外中层管理者还要善于运用激励手段。在传达完工作任务之后，在强调工作的重要性的同时，向他们说明出色完成任务意味着什么，在制度允许的范围内，可负责任地许诺能给予的物质或精神方面的奖励。

中层管理者的气质特征

一个优秀的中层管理者必然表现出一种气质特征，这种气质是中层管理者重要的无形资产。如果中层管理者具有外在的气质魅力，必然会带给人亲切的和有能力的感觉，也容易被认为具有优良的品行，因此，众人很容易支持他的意见，对他所提出的决策也会有较高的评价。这些气质特征表现在以下几个方面：

一、了解追随者的需要

中层管理者必须了解与他共事的所有人员。布莱恩曾说：“我必须比我的球员更了解他们，否则怎能让这些人全力发挥？”

二、足堪重任

不同阶层的领导者所需的知识显然不同，最低阶层的领导者只需熟悉手边的工作，而高阶层领导者虽不必奢望自己能处理管辖范围以外的事，却必须了解管理的整个系统、整个系统的任务及其运作环境，而中层管理者由于所处位置的特殊性，必须兼具决策能力和执行能力。

三、强烈的承担责任的意愿

中层管理者应表现出较高的工作水平，拥有较高的成就，渴望领导他人，精力充沛，对自己所从事的活动坚持不懈，并具有高度的主动精神。

这些特质让中层管理者在所处环境里发挥主动精神，担负决策重任，在别人不愿插手时奋勇向前。

四、坦率、诚实与正直

中层管理者可以通过真诚、无欺的交流以及言行高度一致的作风，在他与下属之间建立相互依赖的关系。

坦率如此有效的原因之一是它与众不同——只有少部分人是坦率的。

诚实会伤人，但它不会吓住富有领袖气质的中层管理者。富有领袖气质的中层管理者，相当坦率，开诚布公。他们并不是不敏感，他们能非常清晰地表达出对形势的估计。

富有领袖气质的人在积极和消极两个方面都很坦率。他们能迅速而又准确地对人以及形势做出估计，并愿意与人分享这些见解。富有领袖气质的人直言不讳而不拐弯抹角，因此其他人能知道他们的立场。

五、自信

中层管理者为了使下属相信他的目标和决策的正确性，必须表现出高度的自信。

乐观自信能够鼓舞人心。面对困难而依然镇定自若，这本身就是对他领导的集体的一大鼓舞，这样会安定人心，让员工们齐心协力，共渡难关。

六、智慧和付诸行动的判断力

中层管理者需要具备足够的智慧来收集、整理和解释大量信息，并能够确立目标、解决问题和做出正确的决策。

判断力是综合了艰难、可疑、直觉、猜测而获得正确结论的一种能力。付诸行动的判断力包括有效解决问题、规划策略、设立优先次序、同时以直觉和理性判断事情的能力，最重要的是，它能评估合作者和反对者的潜力。

七、管理、决定、设立优先次序的能力

中层管理者必须当机立断，规划未来目标、设立优先次序、设计行动方针、挑选得力助手以及指派代表等。

八、热情、乐观和精力充沛

富有领袖气质的中层管理者的一个了不起的品质便是他们在整个工作时间和业余时间里，都保持高度的热情，而且始终精力充沛。

九、人际关系和谐

人际关系和谐能让群众齐心协力地开展工作，处理问题时也能使人口服心服，并增强人们的信心。善于与人相处的技巧，核心是社会观察力。正确评估追随者愿不愿意朝既定方向迈进，充分激发已有的动机，了解旁人的感受。

中层管理者的必备意识

中层管理者对企业的贡献是由行动来完成的，“行动力”正是中层管理者的魅力所在。

中层管理者要想充分发挥自身的“行动力”，要具备以下几个意识：

一、经营意识

企业的组织更加扁平化，管理者的责任加重，决策范围更广，新任中层管理者须认识到他是经营者的替身，必须具备经营者的经营意识。经营意识使管理者能站在企业整体的立场上决定该做出哪些行动。

二、革新意识

新任中层管理者必须深切认识到环境在不断地改变，唯有革新意识才能适应环境的变化，打破现状，主动变革。

三、客户导向意识

客户的满意度提升是新任中层管理者的最终目标，改善流程、提升效率固然重要，但更重要的是流程的设计必须以提高客户满意度为出发点。

四、问题意识

新任中层管理者必须随时秉持问题意识。有问题意识才能有改善，改善是中层管理者永无止境的目标。

五、效率、效能意识

效率的追求早已是新任中层管理者的必要条件，新任中层管理者除了追求效率外更应重视效能。效能就是做对的事情，是把客户满意度放在第一位。

六、科学的意识

科学的意识是指新任中层在领导检讨、判断事务时，一定要根据事实及数据，依据科学的方法及程序处理事务。

七、人性尊重的意识

新任中层管理者追求的是卓越，他知道唯有尊重每一个部属的个性、能力、才能，尊重人的本性，才能激发部属主动工作的意愿，才能发挥每一个人的最大潜力。

秉持着上述的意识来管理所属的部门，中层管理者在未来必能胜任管理者的工作。

中层管理者的基本技能

新任中层管理者只有具备一定的基本技能，方能胜任该职位和顺利开展本职工作。

一、领导能力

关于领导能力存在这样的误区：有一些中层管理者，尤其是资深的中层管理者，习惯于通过直接下命令的方式来实现其领导作用。实际上，领导能力是一种影响力，它的最高境界是使下属自觉自愿地为公司的目标去努力工作。

二、组织、指挥和控制的能力

中层管理者应懂得组织设计的原则，如因事设职、职权一致、命令统一、管理幅度等，熟悉并善于运用各种组织形式，善于运用组织的力量协调人力、物力和财力，以期达到综合平衡，获得最佳效果。

控制能力要求在实现企业预定目标的过程中，能够及时发现问题并采取措施以克服困难，从而保证目标的顺利实现；在确认目标无法实现时，要能果断地调整目标。

三、授权能力

有一些中层管理者可能会以为高层对他的授权范围很小，因而他无法或没有必要对下属授权。实际上，有调查表明，普通员工对于中层管理者在授权方面的要求比起中层对于高层在授权方面的要求更加强烈。由于管理一般要通过他人来达成工作目标，因而只有对下属进行有效的授权，才能调动他们为实现共同目标而努力的积极性。所以，授权能力对于中层管理者也是非常重要的。

四、团队发展能力

实际上，一个企业发展，30%依靠可以通过文字形式描述的管理制度，而70%则依靠团队协作。一个团队里，每个成员各有自己的角色，各有自己的长处和短处，成员间的互补能够实现团队的协作功能。中层管理者必须善于发掘下属的优点，以及在成员发生冲突时，提出解决的办法。

五、沟通、协调企业内外各种关系的能力

善于与人交往，倾听各方面的意见，中层管理者应是交换意见、沟通情况的能手。对上，要尊重，争取帮助和支持；对下，要谦虚，平等待人；对内，要有自知之明，知道自己的长处和短处；对外，要热情、公平且客观。

六、不断探索和创新的能力

优秀的中层管理者对做过的工作能及时认真总结经验，吸取教训，善于听取不同意见，从中吸取有用的东西。对新鲜事物要敏感，富有想象力，思路开阔，善于提出新的设想、新的方案。对工作能提出新的目标，鼓舞属下去完成任务。

七、时间管理能力

高效的时间管理是中层管理者必备的能力。这包括是否列出了时间清单和工作清单，有没有对工作的效益高低和紧急程度进行分析，能否合理安排会见、会议、公出的时间，以及正确地对待各种干扰因素。

八、目标管理能力

目标管理就是实现大家一条心，共同为企业的目标努力。下面是目标管理的六个基本特征：

1.共同参与制订。首先目标是在上司和下属的共同参与下制订出来的。

2.与高层一致。下一级的目标必须与上一级的目标一致，必须是根据上一级的目标分解而来。所有的下级目标合并起来应等于或略大于上一级的目标。

3.可衡量。目标管理中，所设定的目标必须是符合下列原则的，即具体的、可衡量的、可接受的、现实可行的、有时间限定的。

4.关注结果。不论对中层经理自身，还是对于下属，目标管理关注的都是结果——目的达成了没有，而不是工作或活动的本身或过程。

5.及时的反馈和辅导。没有反馈和辅导就没有目标管理。反馈就是将下属的工作状况与设定的目标比较，并将比较的结果告诉下属，使下属自己纠正偏离的行为。这里，反馈是帮助下属纠偏，而纠偏最终是由下属自发地、主动地、自主地实行的。辅导就是帮助下属提高工作能力。

6.以事先设定的目标评价绩效。事先设定的目标是什么，绩效标准是什么，权重是多少，事后必须以此为考核和评价标准。

九、激励能力

企业里的激励手段一般由高层提供，如提高薪酬、晋升、股票期权、显示地位等方式，而在中层管理者队伍中大部分人却没有这么多权力或者资源为其下属提供这些激励，所以，对于中层管理者的激励能力就有着更高的要求。激励不仅仅是一些制度或政策，它更广义的概念包括：工作的软环境即组织气氛，人事关系，管理者与下属、下属之间的协作等关系对员工的影响。另外，中层管理者的工作风格、对公司与对工作的责任与态度、人格魅力、威信、对下属的认可与赞美、与下属之间彼此的信任程度，以及因此而使下属具有的成就感与满足感，都是激励的内容。

十、决策能力

决策，特别是经营决策正确与否，对企业生产经营的效果影响巨大。因此，现代企业十分重视决策问题。一个优秀的中层管理者，必须有决策能力。决策是多种能力的综合表现。任何正确的决策，都来源于周密细致的调查和准确而有预见的分析判断，来源于丰富的科学知识和实践经验，来源于集体智慧和领导勇于负责精神的恰当结合。因此，决策要求在充分掌握企业内外环境资料的基础上进行科学的预测，并对多种方案进行比较和选择。

⊙第三章⊙

新任中层管理者的威信建立

威信在领导过程中，往往比权力更有影响力，更具统驭作用。领导者从来就把立威当作感召下属、领导组织、实现领导功能和目标的最大追求。领导立威在现代组织有效的运行管理中，更是不可或缺的领导能力与领导艺术。因此，新上任的中层管理者的开局工作中非常重要的一个事项，就是威信的建立。

领导权力与领导权威

领导权威又称非权力性影响力，是指领导者的品质、作风、知识、能力、业绩以及行为榜样等非权力因素对下属造成的影响力。这种影响力更多地属于自然性影响力，其产生的基础要比权力性影响力广泛得多。这种影响力表面上并没有合法权力那种明显的约束力，但实际上它常常能发挥权力性影响力所不能发挥的约束作用。

领导权力与权威是有区别的。权力是从领导一上任即被赋予的特殊职能，而领导权威却是领导依靠自身的特质在无形中培养起来的一种影响力、感召力的附着体；领导权力是靠强制性权力推行，而领导权威则是去影响、感召下属，有时候，权威比权力更重要。

尽管领导权力与领导权威各有其特点，但两者又是相互联系、相互影响的。

1.领导影响力是权力性影响力与非权力性影响力的有机统一。领导权力是领导影响力的前提要素。领导者必须手中有实权，方能支配下级，实现领导功能。

2.两种影响力相互影响，其中，领导权力制约着领导权威，而威信的高低又可以导致实际权力大小的变化。

领导权力也对领导权威产生一定影响。一般说来，下属对领导者总有一种服从感、敬畏感，如果领导者有一定的职权和资历，就会对其权威起到增强的作用。

领导权威比领导权力具有更大的作用。领导权威才是在领导影响力中起决定作用的力量，是领导影响力的关键。

因此，中层管理者务必重视自身的权威。明智的中层管理者不应只是注意权力的大小，而应更注重自身行为和素养的提高，这样才能在工作中充分发挥自己的影响力。

有所为才能建立威信

如果一个中层管理者懦弱无能，那么，无论他怎样努力也是不可能拥有权威的。这表明，中层管理者要想在组织中占有一席之地，进而树立自己的权威，就必须有所作为。

对于身处顺境中的中层管理者来说，一般是比较容易做出一番业绩的。但是，如果身处逆境的话，许多中层管理者可能就会被环境所左右，难以有所作为了。更有甚者，往往被环境所同化，很可能从此一蹶不振。

殊不知，越是身在逆境，或者是面临危机的时候，越是中层管理者大有作为、树立权威的最佳机会。

无能的领导者就如同旧式的机械一样，根本无法接受外来的信息，所以，这种领导者只有在组织的目的一致、运作顺畅时，才能产生领导作用。

然而，卓越的领导者首先会让自己适应所在的环境，然后根据具体情况，想办法改变整个环境。

新上任的中层管理者，如果只是忠实地执行上司的命令来实施管理、监督，那就无法切合客观形势的实际需要。因此，中层管理者必须对自己所面对的客观状况予以正确的判断，据此下定决心，下达命令，将上司的意图结合现场的状况，从而最有效地完成任务。

总之，新上任的中层管理者应当努力把自己塑造成具有自我成就和改变环境的强烈欲望与能力的统帅。

唯有如此，才能更加充分地发挥自己的领导才能，统率下属奋力前进，成为一个“运筹帷幄，决胜千里”的杰出领导者，从而在下属中享有崇高的领导权威。

通过惩罚来树立威信

中层管理者上任之初，下属多持观望态度，他们或许会窃窃议论新上司的领导能力，或许会评价其处事作风，甚至会有个别下属一再向其挑衅示威。能否镇住局面，不被下属轻视小看，对新任中层管理者来说是一个严峻的考验。

惩处措施是中层管理者坚持原则、确立强有力的当家人形象的重要手段。对个别扰乱纪律、不服管教的害群之马，如果你采取果断措施惩处了他，那么威信很快便树立起来。如果你优柔寡断、犹豫不决，那么你的形象就会大大贬值，影响今后工作的进一步开展。

为了建立有序的组织、严明纪律，中层管理者可通过惩罚树立威信的管理手段及时抓住个别害群之马从严处理，从而教育多数员工遵纪守法，服从自己的指挥。惩罚的主要方法有以下几点：

一、从严、从重惩罚第一个违纪者

对于第一个违纪者，千万不能轻易放过，要坚决从严从重处罚。对于违纪现象，就是要枪打出头鸟。因为第一个违纪者的影响很坏，如果不进行及时惩治，会产生“害群之马”的结果。

二、重点惩罚性质最恶劣者

有时，违纪者是好几个，如果不分青红皂白，一律加以严惩，打击面过宽，起不到应有的作用，反而产生一定的负面影响。所以，要尽可能地缩小打击面，从若干违纪者中挑出一两个性质最严重、影响最坏的予以严惩，对于情节较轻者，给予适当的批评教育，体现恩威相济。这样，不仅能够教育多数下属，而且还能够孤立违纪最严重者，从而收到惩一儆百的效果。

三、惩处要合情合理

惩罚是无情的，但在实施惩罚的时候，中层管理者要做到合情合理，按照规章制度办事，不过火，不偏激，适当地为对方留有余地，才能使对方接受。这样，既保证了纪律的威严，又体现了人情味，让受罚者心服口服。

四、处罚要刚柔相济

惩罚的目的是为了教育违纪者本人，教育广大的员工，所以在惩罚的时候，要刚柔并济，找被惩罚者谈心，进行安慰，希望其改正错误，表示自己对他仍寄予很大的希望等。这样，被惩罚者既心甘情愿地接受惩罚，又对领导的关心感到羞愧。

五、公示惩罚结果

为了达到教育他人的目的，对于被惩罚者的处罚结果一定要公示，让全体员工都知道。如果结果不公布，容易引起下属的猜疑，认为违纪者没有受到惩罚，从而造成不良影响。

六、组织员工学习

对于性质比较严重，又带有典型意义的违纪者，要组织全体员工进行学习讨论，从中吸取教训。活生生的现实比枯燥的说教效果要好千倍。

这样通过处罚、安抚、再组织员工学习，一个威严而又可敬的领导者形象就树立起来了。

⊙第四章⊙

中层管理者的权力运用

中层管理者的权力是有限的，但其权力具有很大的弹性，所以，权力的运用对于中层管理者来说，既是在部门内顺利开展工作、完成上级交办任务的基础，又是上级考察一个中层管理者能力的标准。中层管理者的权力运用是通过运权、用权、授权和控权等方式实现的。

没有权力要想办法“借”

高效能的中层管理者，一般都是善于运权的领导者。在特殊的情况下，中层管理者有可能权力非常小，然而，没有权力并不等于没有雄心，并不等于什么都不做。那该怎么办呢？穷则思变，适当地借来权力用一下也是可以的。但是，借权毕竟有一些规则和方法。有的“权”可以名正言顺地借来“为己所用”，有的“权”只能暂借一用，用过后及时奉还。

一、向上级领导借权

向上级领导借权就是借助于上级领导的信任和支持，去做自己想做的事情，因为他们的帮助是做好工作的有利条件。向上级领导借权的技巧很多，比如请上级领导到本单位做指示或进行现场指导；请上级机关转发本单位的工作总结和工作经验，然后以“红头文件”的形式向本单位下发；同上级单位合作开展调研活动；经常、及时地向上级领导请示汇报工作，使下属知道自己的工作是得到上级领导支持的；积极主动地配合上级领导开展工作，取得上级领导的信赖。这些做法都能达到向上级领导借权的目的，从而在客观上促使下属尊重和服从自己。

二、向班子成员借权

班子成员与自己是同级，顶多只是正副关系，这就意味着互相之间既是合作者，又是潜在竞争者，这种复杂而微妙的同级关系，弄不好会形成内耗式的“窝里斗”。因此，根据班子成员的这种竞争心理，就要同时安排他们各抓一项工作，看谁抓的效果好，以此激发他们的工作积极性。比如，今天安排甲去抓某项有难度的工作，明天又安排乙去抓另一项有难度的工作，谁做得好就表扬谁，哪点做得好就表扬哪点，形成相互之间互不示弱、你追我赶的局面。领导者本人有时也应“委曲求全”，迁就班子成员的一些小错，这会产生“面子效应”和“报偿效应”。对于嫉妒心很强的副职，领导者要用佯装不知、以德报怨、自信自重的方法积极化解，全力感化，防止这些人成为领导班子的内耗源。

三、向下属借权

在一个单位或部门中，有很多事情中层管理者不可能全都了解，即使知道，亦鞭长莫及，管不了那么多，如果是这样的话，中层管理者为了对工作负责，就必须借用下属的力量。

而下属对本部门的事情较为了解，他们是连接领导者与群众的纽带。高效能的中层管理者此时会充分相信下属，相信他们干得比自己还要好，巧妙地把自己的想法变成下属的主意并由下属去实施。

中层管理者向下属借权的主要方法包括：

1.利用下属愿意与领导者友好相处的愿望和心理，增强自己的向心力。中层管理者可以抽时间跟下属“随便聊聊”，这往往比“正式谈话”更有效。做好与下属的交流和沟通，他们会因理解你的难处而帮助你。

2.中层管理者要做好想要借权的自我表露，中层管理者可以自觉地、有意识地把自己的某些要求和情况告诉下属，使下属获得直接理解上司意图的机会。不过自我表露的量要适度，态度要积极，过分和消极的自我表露往往会给群众带来焦虑，很难达到预期效果。

3.领导者应该多激励下属，尽量提高下属的参与感和积极性，鼓励他们积极参与决策，尽量满足他们的心理需要，这样他们就会主动贡献力量。

4.向下属表明自己将要受到的损害，用这种方法可赢得下属的支持。领导者必须向下属说明，自己之所以要这样做的目的是出于公心，这样做连自己的职务和利益也要受到损害。

四、向集体借权

领导者要善于利用集体的力量，借用集体的权力去完成任务。比如，年底福利发放，领导者直接分配就不如班子集体讨论后再去处理好。领导者这样做，是利用了集体的意志，集体决定使少数人难以违抗，这就是向集体借权的艺术。有些领导者不懂得运用这门艺术，结果是好心却办不成好事，把矛盾都集中到自己身上，这样的领导者无疑是“自讨苦吃”。

领导者向集体借权的时候，也存在一定的误区。这些误区主要包括：

1.借权不明朗，模模糊糊。比如，有些领导者本来希望在借权上有所得，但又不愿有所失，所以往往采取模糊的态度，企图取得持不同观点的人的支持。这种策略偶尔用几次或许还行，但是未必每次都能左右逢源。

2.借权的时候采取强制手段。强制借权往往以压制的方式阻止别人的权力发挥作用。这种方式在解决矛盾方面常常临时奏效，但是它并不能消除深层次阻力，矛盾的根源不仅依然存在，往往矛盾还会更加深化。还有两难式借权也是一种强制借权，它迫使别人不是屈服于领导者的压力，就是致使自己处于更糟的处境。这种借权方式不可取，因为它会让对方很反感，弄不好会“画虎不成反类犬”。

3.假托于形式去借权。这是领导者通过表面上让别人分享决策权而使自己的统御权得以扩大的手腕，但事实上领导者只是借用这一民主制形式，而让别人参与并非本意。假托于形式去借权必然会招致下属的不满而引发矛盾。

4.采取裁剪的方式借权。这是中层管理者必须摒弃的一种借权方式。它是指中层管理者对于上级指示或班子集体决定断章取义，朝着有利于自己的方面去“裁剪”信息，去解释问题，或用某些谎话（当然这些谎话应以不引起矛盾或个人反感为限）来扩大自己的统御权。这种方式经过一段时间很可能会产生“掩耳盗铃”的效应，让人所不齿。

自己分内的事不能让下属去做

对于一些特定的任务，中层管理者不应该授权出去，因为这些任务不仅需要特别的管理方式，而且这些任务有私有的特质。不应该授权的任务包括与下属有关的评估、与下属有关的训练、计划决策、计划的制订、机密的任务、上司指派的特定任务、复杂的形势以及涉及敏感问题的情况。这些任务详述如下：

一、授权处理

授权过程不要假手他人。任何中层管理者直接管理的工作都应该由自己授权和解释。任何其他的安排必然会引起沟通错误。

二、成果评估

为分配的任务或年度评价作成果评估是中层管理者的责任。授权给某位下属的任务不应由其他人评估。评估通常是以最初讨论的结果、互相同意的标准，以及预期的结果为准。

三、纪律处分

当中层管理者处分下属时，务必亲自处理，而且要在自己完全知道实情之后。有些中层管理者向来避开他们工作上所有不愉快的层面，不乐于处理有关处罚下属的任务。虽然如此，纪律处分是任何管理职务必须执行工作的一部分。将任务授予某人，将降低信息的传递效率和事件的处理效率。

四、对下属提出劝告的问题

对某一位下属的表现或态度提出忠告，这项不受欢迎的任务是另外一项困难的管理工作。这样的任务就像纪律处分，需要管理者在私底下执行。劝告下属是自己工作的一部分，不能假手他人。

五、制订和预估计划

有些细枝末节的工作涉及计划的制订和预估，如计算结果和调查是可以授权的。不过计划的制订和预估的概念是不可以授权的部分。中层管理者要决定部门的目标是否适合整体组织的目标，最好单独下决定。

六、机密的任务

涉及敏感或机密资料的任务不能授权，如工资，除非这样的工作是某人工作特有的一部分。以下属的需要决定让他们知道特定敏感的信息。一旦工作被归类为敏感的任务，中层管理者务必亲自履行任务，或者将任务分派给一个适当的人选。当不可能如此时，请把任务分为几个部分，这样才不至于让人一目了然。

七、特派的任务

由中层管理者的上司特别指派给自己的任务请别再授权。比如说，如果你的上司特别要求你完成某项任务，那是因为他亟欲知道你的意见，这样的任务并不适合中层管理者重新指派给某人。

八、复杂的形势

如果形势是如此让人困惑，以至于中层管理者自己也不能清楚地了解，请不要期望下属可以处理该任务。中层管理者自己可能不知道问题有多重要，直到自己开始对这个问题有更多了解。只有当管理者知道并了解那些问题的范围时，才可以分派任务给别人。授权一项自己不甚了解的任务是不合适的，因为下属会提交回来要求中层管理者澄清。

九、敏感的状况

不要分派敏感的活动，如解决政治的冲突或从别的体制中要求敏感的信息。要完成这样的任务，下属并不是最好的选择。将一个人放到这样的位置上是非常笨拙的行为。

权力的使用方式

中层管理者必须学会恰当地使用自己手中的权力，因为不同的使用方式带来的效果大不一样。为了更好地发挥各种权力的效果，中层管理者要学会选择使用权力的合适方式。权力使用的方式主要有以下几种：

一、合理化的方式

当下属对中层管理者的想法想不通时，可以用事实和数据说服下属，让下属觉得这是合情合理的，从而愿意接受自己的想法。

二、友情的方式

当中层管理者要表现自己对下属的尊重，并争取对方的支持时，不妨采用友情的方式。在提出一个要求之前，先对对方进行正面的表扬，让对方对自己产生好感。要尽量表现出友好或者谦虚的态度。

三、结盟

若想发挥权力的更大作用，影响公司中更多的部下，与其他部门的中层管理者在一起结盟是一个较好的方法。下属会觉得你在支持他们，这个时候你自己的影响力和领导力已经在扩大了。

四、对话

与下属坐下来，以双赢的方式进行对话，这种方式能给下属一种平等的感觉，有利于问题的解决。在中层管理者下达给下属的任务需要取得他们的理解和支持，需要他们发挥主观能动性才能完成时，与下属进行对话是非常必要的。

五、硬指标

当任务比较紧急时，可以给下属硬性的指标，下达命令，要求下属在什么时候必须完成。如果第一次没有完成，就再给予提醒。

六、高层的权威

有时下属怀疑或挑战自己的权威，这时，可以适当地借助高层的权威来增强自己的权威性。让自己的工作总是得到最高领导层的支持。通过这一点来影响自己的下属，提高下属工作的积极性，有利于工作的高效完成。

七、规范的约束

当要把权力规范化时，可以同规范制度结合起来，通过规范制度来行使权力。用制度、规则来约束企业和下属，使其有一个统一的、有效的制度化和体系化的标准。

权力运用在中层管理者的日常管理中非常重要，合适的权力使用方式会扩大中层管理者的影响力，在下属中树立权威；反之，会激起下属的抵触，影响目标的完成。

授权的四种方法

不同的授权方法会产生不同的效果，试图授权的中层管理者应对主要的授权方法了然于胸。授权的方法按照不同的维度，有不同的划分方法。按照授权受制约的程度，授权的方法有：

一、充分授权

充分授权是指中层管理者在向其下属分派职责的同时，并不明确赋予下属这样或那样的具体权力，而是让下属在中层管理者权力许可的范围之内，自由、充分地发挥其主观能动性，自己拟订履行职责的行动方案。这种授权的方式虽然没有具体授权，但在事实上几乎等于将中层管理者自己的权力（针对特定的工作和任务的）部分下放给其下属。充分授权的最显著优点在于能使下属在履行职责的工作中实现自身价值，获得较大的满足，最大可能地调动下属的主观能动性和创造性。对于授权者即中层管理者而言则大大减少了许多不必要的工作量。充分授权是授权中的“高难度特技动作”，一般只在特定情况下使用，基本要求是授权对象具有很高的素质和责任心。

二、不充分授权

不充分授权是指中层管理者对其下属分派职责的同时，赋予其部分权限。根据所授下属权限的程度大小，不充分授权又可以分为几种具体情况：

1.让下属了解情况后，由领导者做出最后的决策。

2.让下属提出详细的行动方案，由领导者最后选择。

3.让下属提出详细的行动计划，由领导者审批。

4.让下属果断采取行动前及时报告领导者。

5.让下属采取行动后，将行动的后果报告领导者。

不充分授权是现实中最普遍存在的授权形式，它的特点是较为灵活，可因人而异、因事制宜，采取不同的具体方式。但它同时要求上级和下级、中层管理者和下属之间必须事先明确所采取的具体授权形式。

三、弹性授权

弹性授权是综合充分授权和不充分授权两种形式而成的一种混合的授权方式。弹性授权是根据工作的内容将下属履行职责的过程划分为若干阶段。在不同的阶段采取不同的授权方式。弹性授权的精髓在于动态授权的原理。弹性授权具有较强的适应性，当工作条件、内容等发生了变化时，中层管理者可及时调整授权方式以利于工作的顺利进行。中层管理者在应用弹性授权时的技巧在于保持与下属的及时协调，加强双向的沟通。

四、制约授权

制约授权是指中层管理者将职责和权力同时委托和分派给不同的几个下属，以形成下属之间相互制约地履行其职责的关系。如会计制度上的相互牵制原则。制约授权形式的应用要求中层管理者准确地判断和把握使用的场合。它一般只适用于那些性质重要、容易出现疏忽的工作之中。制约授权在应用中的另一个要点在于，警惕制约授权可能带来的负面效应，过分的制约授权会抑制下属的积极性，不利于提高处理工作的效率。制约授权作为较特殊的一种授权方法，一般要求与其他授权方法配合使用，取其利，去其弊。

授权的十大要点

中层管理者在授权的过程中，存在许多细节，如果能对这些细节给予充分的注意，授权会取得良好的效果，我们把这些细节归纳为授权的十大要点。

一、心态的自我调适

许多新任中层管理者不敢把权力授予下属，这主要根源于他内心对个人权威缺乏安全感，根源于对授权缺乏领悟。决心实施授权的中层管理者首先必须进行心态的自我调适，勇敢地面对自己内心潜在的对授权的恐惧，建立起自信心。

二、明白授权的必要性

中层管理者应该明白，如果你被限制在从事一些技术性的工作，便无法充分发挥自己的潜能。你的绩效不是用本人的专长技术来衡量的，而是要看你是否充分发挥了下属的能动性。

三、创造授权气氛

授权的中层管理者应致力于在自己辖区创造一种鼓励创新、承担责任的气氛，这种气氛将成为授权推行的深厚土壤，它能产生出的授权推动力是恒久而深远的。

四、自上而下协调一致地授权

中层管理者应使你领导下的各个部门，对于授权有深刻理解，每一部门的管理人员都应了解：为了本部门全体员工的共同成长，管理者必须容许属下做决定。如有错误，亦应妥善处理。为了授权能够获得成功，中层管理者必须做好付出犯错误的代价的准备，并以此作为本部门员工追求进步的成本。

五、训导受权者

授权不是一种单向的管理手段，而是中层管理者与下属之间的互助合作。授权行动只有同时得到受权者的认同，才能真正顺利推行，获得成功。事实上，授权正是训练下属的一个好方法，应该引导受权者认识到，接受授权是个人追求进步的一个过程；让他们了解到，这新得的权力和附带的责任，会使他们日后成为优秀的管理者。受权不仅意味着接受了一份任务，更意味着得到了一个舞台，在这个舞台上，他的全部才华将得到充分展现，他得到了一个脱颖而出、受人瞩目的机会。

六、让受权者明白该达到的效果

授权的中层管理者应该在下属前方树立一个具有诱惑力而又清晰可见的目标，让受权者明白上司所期望的结果。中层管理者应要求受权下属把行动计划写出来，让他们认清自己该如何达到预期效果，并需要哪些协助。通过这种形式，中层管理者可以确切地了解受权下属对期望绩效的认知程度。

七、中层管理者应了解下属的能力

优秀的中层管理者不是依据部属的技术和现在表现出的能力来分派职务，而是以他们的工作动机和潜在能力来决定。许多新中层管理者无法充分利用下属的潜能完成任务，这是很失败的管理，更是人才的浪费。新任中层管理者应时刻记住：下属是你宝贵的财富，你没有理由不深入地了解你的下属。

八、事先确立绩效评估的标准

中层管理者在授权的同时必须把绩效评估的标准订立出来并公之于众，这有利于协助下属和中层管理者双方适时地衡量工作的成果。

九、充分给予下属做出决策的权力

授权是决策权的下移，中层管理者要求下属完成某项工作任务，就必须给予其充分的权力，这些权力包括调用本部门的人、财、物各方面资源的权力，当然，这些权力必须是完成工作所必需的。

十、中层管理者要给予适时的帮助

授权的中层管理者对受权的下属负有的责任包括两个部分：其一是监督下属达到预期目标；其二便是在下属需要帮助的时候，及时提供协助。授权的中层管理者在对公司政策的理解、信息的拥有量上占据优势。有效的授权者会向部属提供咨询、讨论及施行时的各种协助，当然，中层管理者不应去干涉下属的具体行动方式。

防止授权失控的办法

一、授权要做到收放自如、运筹帷幄

成功的中层管理者认为：把握控制权首先要对下属选得准，选人得当才能委托权力。其次是要把握调整权，当发现下属素质差、经常越权，或发现下属已背离工作目标、原则，给工作带来了损失、不合格时，虽不能做到立即免职，也要做到立即指出且严肃批评，并削弱其权力，调整其授权，做到能放权也能收权。再次是要严格控制授权范围，除特殊情况外，一般不准越权，不准“先斩后奏”，更不允许有“斩了也不奏”的行为。

二、要注重把握监督环节

成功的中层管理者十分注重把握权力监督环节。防止权力失控的关键在于监督。权力授出后，中层管理者的具体事务减少了，但指导、检查、督促的使命相对增加了。中层管理者要密切关注下属的工作动向、状况及信息，及时地发现问题和解决问题，克服情况不明等官僚主义倾向，但不能到处“指手画脚”。下属也有责任和义务向中层管理者汇报工作情况，不能把领导的监督、管理视为干预。

三、要注意授权不能失衡

成功的中层管理者授权不会失衡。就是说，在自己领导的组织系统内，对多个下属授权，权力要分布得合理，不能偏轻或偏重。如果对某个下属授权较多，则必须考虑他的威望及能力，是否为其他下属所接受。无根据的偏重授权，以个人感情搞亲疏性授权，是万万不可取的。

四、授权失效应当及时纠正

1.讨论和警告。当中层管理者首次怀疑任务是否可以准时完工，可向下属提出自己的疑问。不要以为延长时间会让情形改善。一旦发生问题，情况只有可能更加恶化。和下属谈谈自己关心的事项，同时同意确保任务会很快回复到目标计划。如果情况不佳，应与下属召开另外的会议。在第二次会议中，应警告下属，如果没有适度的进步，中层管理者可以进一步地干涉。

2.撤回职权。任何授权都是暂时性的，是可以废止的。当下属表现不如预期时，当组织改变的时候（如改变目标、组织重组、新的政策），职权也可能被撤回。所以中层管理者只要认为适当，可以收回职权给其他人行使，或不予变更。

3.重新分配。当中层管理者面对期望颇深的方案或任务无法如期完成时，应考虑重新分配工作。中层管理者可以将方案重新分配给比较有经验的下属，或拆成几个部分让数个下属执行；也可以让下属保有原先分配到的任务，但是需要更进一步地监督。

减少部属对控制的抵抗情绪

大多数人都不喜欢被控制。他们不喜欢别人告诉他们该如何做，当面临特殊的要求时他们会感到很难受。很少有人喜欢受批评或被纠正。然而批评或纠正都是控制中常发生的事情。当纠正意味着惩罚或解雇时，控制措施就显得非常苛刻。因此，中层管理者对控制的看法应该现实一些，有些控制措施对员工会产生消极的影响。中层管理者可采取措施，减少部属对控制的抵抗情绪。

一、强调对部属实施控制的价值

留有余地的标准能够告知部属，他们的工作做得好还是不好。标准可把领导的干涉降到最低程度，并且只要符合标准就允许对工作方法进行选择。

二、避免武断的或惩罚性的标准

部属们喜欢那些根据以往的记录确定的标准。“我们的记录显示一天完成150个是多数人都能实现的标准。”建立在分析尤其是时间研究基础上的标准更受欢迎。“让我们把这项工作定为一小时或两小时，以确保标准的合情合理”与“我们不得不把生产效率定在每一天175个标准上”这句话进行比较，后者显得武断，而前者更受部属欢迎。

三、控制标准要具体

尽可能用数字表示。要避免使用类似“提高质量”“增加出勤率”等笼统性概念。相反，要把具体目标数字化，如在以后的6个月中缺勤“不得超过两天”或者“把浪费的比例从7%降到3%”。

四、目标的作用是为了改进而不是惩罚

利用未达标准的事例来帮助部属们搞清如何改进工作。例如，可以对部属这样说：“上个月你的产量又低于标准，我们应该从头开始寻找一个影响你达标的原因，也许是我没有把具体的操作方法向你讲清楚。”

五、对不符合目标要求的要惩罚明确

多数部属接受积极的鼓励，但也有的并非如此。然而，所有的部属，不论是好的还是不好的，都想知道如果他们不按要求工作会怎样。原则是你要尽量减少惩罚，但必须让所有人都清楚，标准必须达到，事先把不达标准将要受到何种处罚讲清楚。

六、避免威胁部属说你不能让步

如果一个下属因未达到工艺标准要受到处罚，你要把处罚的原因和时间讲清楚。“如果4月1号前你不能把产量提高到每天150个，你将被处罚。”不能说：“如果你不能尽快符合标准，你将自讨苦吃。”如果你要提出具体的警告，事先要搞清楚公司是否会支持你。

七、在控制措施的运用中要坚持一致性

如果已制定了适用于几个员工的工作标准，你就应严格按标准行事，而不能说你将使人人满意。如果觉得确有个别例外情况，那你一定要把例外情况解释清楚。对做同样工作的人，标准也应该是一样的；同样，对达到或没有达到标准的人的奖励或惩罚也应该一样。

八、加强对员工的自律教育

自律即自我约束、自我控制。企业各类人才应通过学习企业政策和法规法律以及企业管理的实践，增强法治意识，增强政治责任心和使命感，经常自我反省，自觉遵守各种社会规范和企业各种规章制度，经常约束和检点自己的行为，使自己的行为符合企业规章制度的要求。并能自觉地接受群众的批评和监督，自觉反思和纠正自己行为的偏差。

⊙第五章⊙

中层管理者的用人之道

任何一项事业都不是靠单个人的力量就能完成的。作为一名现代社会的中层管理者，必须掌握好人才的选拔、培育和使用的艺术，为组织未来的发展打下坚实的人才基础。用对人，开展工作便得心应手；用错人，管理起来便处处受阻。把人管顺了，士气高昂；把人管死了，情绪低落。因此，用人之道是中层管理者必须娴熟于心的基本功。

中层管理者的识才六法

为了避免仅以外表识才的错误，管理者可通过以下六种方法更深入地辨识人才。

一、闻其言以识其心志

潜在人才都是尚未得志之人，故其在公开场合说官话、假话的机会极少，其所说之言，绝大多数是在自由场合下直抒胸臆的肺腑之言，是不带“颜色”的本质之言，因而就更能真实地反映和表达其思想感情。

二、观其行以察其追求

一个人的行为，体现着一个人的追求。一个讲究吃喝打扮的人，所追求的是口舌之福和衣着之丽。任何一个人，一旦进入了自己希望进入的角色，就会为了保住角色而多多少少地带点儿“装扮相”。只有那些处在一般人中的人才，既无失去角色的担心，又不刻意寻觅表现自己的机会，所以，一切言行都比较质朴自然。中层管理者若能在一个人才毫无掩饰的情况下透视出其“真迹”，而且这种“真迹”又包含和表现出某种可贵之处，那么大胆起用这种人才，十有八九是可靠的。

三、据其征以辨其才华

潜在人才虽处于成长发展阶段，有的甚至处在成才的初始时期，但既是人才，就必然具有人才的先天素质。或有初生牛犊不怕虎的胆略，或有出淤泥而不染的可贵品格，或有“三年不鸣，一鸣惊人”之举，或有“雏凤清于老凤声”的过人之处。一位善识人才的“伯乐”，正是要在“千里马”无处施展能力之时识别出它与一般马匹的不同，若是“千里马”已在驰骋腾越之中显出英姿，何用“伯乐”识别？

四、克服学历主义

仅以文凭取人，推行学历主义，实质是重资格、不重才干，重学历、不重能力，重名、不重实的用人理念。日本管理学家占部都美说：“注重学历，只看毕业时间早晚的形式主义人事工作方法最省事，不需花费精力，但永远无法具备正确识别人才的能力。”这种学历主义对于知人、识人活动会带来不良的影响。

五、破除论资排辈

在论资排辈这种观念支配下的领导，只重视人的名分、声望和社会地位，不重视人的实际品行和才能，把徒有虚表的资格和辈分看得很有价值，而把人的实实在在的业绩看得一文不值。论资排辈的管理思想带有严重的保守性和封闭性，突出的表现就是瞧不起年轻人，压制后起之秀，排斥无名之辈。

六、抛弃唯出身论

把出身作为一种选人、用人的主要条件，甚至有时纯粹以出身取人，是一种陈腐的用人观念。以出身取人的用人者，门第观念十分严重，这些用人者不问人的德才如何，只关心人的身份家世。在他们看来，龙生龙，凤生凤，老鼠生儿会打洞，故人的出身是一个人被任用的重要资格。

但是，出身高贵的未必德行高尚，出身普通的未必品行卑劣；出身富贵的未必知识丰富，出身贫贱的未必才干拙劣，这是人所共知的道理。

中层管理者要想不在识人过程中出现误区，必须改变自己的识人之法，打破传统观念，以自己的眼光和需要去观察人才、考验人才，才能有所作为。相反，如果光是用教条的办法评判下属，肯定是自已给自己堵死了一条活路，更谈不上识准人才。

选择优秀人才的十大条件

企业的竞争就是人才的竞争，人才是企业的根本，是企业最宝贵的资源，因此如何选择优秀的人才为企业工作，已经成为企业生存与发展的决定因素。换言之，从业人员的素质高低，极大地影响着企业的成败。一般说来企业所需要的人才，必须具备以下十项条件：

一、敬业态度

很多中层管理者感觉到，年轻的下属对待遇和福利的要求愈来愈高，对工作不安心以及对企业愈来愈不忠诚。目前这类职工频繁流动的现象，已使不少企业将保持职工队伍的稳定性作为企业人事管理的最高目标。

二、专业能力或学习潜力

现代社会分工细致，各行各业所需的专业知识愈来愈专、愈精。因此，专业知识及工作能力已成为企业招聘人才时重点考虑的问题。但在愈来愈多的企业重视教育训练、自行培养人才的趋势下，新来的下属是否具备条件胜任工作，取决于该人接受训练的可能性，即学习的潜力如何。

三、道德品质

道德品质是一个人为人处世的根本，也是企业对人才的基本要求。一个再有学问、再有能力的人，如果道德品质不好，将会对企业造成极大的损害。

四、反应能力

对问题分析缜密、判断正确而且能够迅速做出反应的人，在处理问题时比较容易成功。尤其是现代企业的经营管理面临诸多变化，几乎每天都处在危机管理之中，只有抢先发现机遇，确切掌握时效，妥善应对各种局面，才能立于不败之地。

一个分析能力很强、反应敏捷并且能迅速而有效地解决问题的职工，将是企业十分重视而大有发展前途的人才。

五、学习意愿

现代社会科学技术的发展日新月异，市场的竞争瞬息万变，企业如要持续进步，只有不断创新。否则，保持现状即意味着落伍。企业所开展的一切工作都是以人为主体的，因此拥有学习意愿强、能够接受创新思想的职工，公司的发展必然比较迅速。

六、沟通能力

一个企业的员工，必然要面对上级、同事、下级、客户等对象，甚至处理企业与股东、同行、政府、社区居民的关系，平时经常会对其他单位或个人进行协调、解说、宣传等工作，沟通能力的重要性由此可见。

七、集体精神

在当今社会里，一个再优秀、再杰出的人，如果仅凭自己的力量也难以取得事业的成功。凡是能够顺利完成工作的人，必定具有集体主义精神。

八、健康的身体

成功的事业寓于健康的身体，一个身体健康的职工，做起事来精力充沛，干劲十足，并能担负较繁重的任务，不至因体力不支而无法完成任务。

九、自我了解

人生的目的明确、自我能力强的职工不会人云亦云，随波逐流。即使面临挫折，他也能努力坚持，不会轻易退却，因而能在生产或其他工作中发挥主观能动性。

十、适应环境

新人初到一个企业工作，开始时必然对环境感到陌生，但若能在最短期间内熟悉工作环境，并且能与同事和睦相处，取得大家的认同和信任，企业必定重视这类职工的发展潜力。反之，如果过于坚持己见，处处与人格格不入，或不能适应企业文化，即使满腹才学，也将难以施展。

中层管理者的识才误区

人是带有偏见的，每一个人都不可避免会有主观和片面性，往往有可能会出现以下几种不经意的错误。

一、偏见

喜欢拍马屁的人往往受到领导的器重，而默默工作的人常被领导认为过于冷淡。当然，领导一般情况下并非故意如此，但他不可避免地会犯这些错误，因此，领导者就要及时反省自己，看看是否有这种问题。

二、首因效应

评价人才要全面地看，历史地看，不能只看一时一事，不能以偏概全。首因效应是指开始的印象左右了对一个人的整体评价，而对以后的表现、以后的变化、以后的发展往往视而不见。首因效应使一些领导用孤立的静止的观点去看人，所以常常得出错误的结论。

三、近因效应

首因效应是用刚认识时的印象来代替对对象的完整评价，与此相反，近因效应则是用晚来的印象来代替对对象的完整评价。前者重前不重后，后者重后不重前，都犯了割断历史和以偏概全的错误。往往有些人利用这个效应，在升职或其他关键时候，卖命在领导面前积极表现，博得“这个人进步很快”的评价。而向来努力工作的人却是“还是老样子”。

四、图式印象

心理学上说我们每个人都有一个图式，比如告诉你李明的哥哥是军人，你就会在脑中出现一个图式，李明的哥哥穿军装，很强壮。有的领导者一听说单位里分来一个女同志，就认为她将来不可能挑大梁，这就是他对女同志的刻板印象造成的。“女的不如男的能干”，在他头脑里已形成了根深蒂固的偏见，而且这种偏见很难改变。日常生活中说“嘴上没毛，办事不牢”，就是认为年轻人不稳重，而实际上很多年轻人是很稳重的；认为年老的保守，而实际上有的老年人思想比年轻人还解放。诸如此类图式，是最常见的，也是最难克服的。

五、晕轮效应

晕轮效应又称光环效应，它对我们的日常观察和评价影响很大。所谓晕轮效应就是把对象的某一优点变成亮点，照亮了其他不亮的地方，以至于把对象的一切都亮化了、美化了；或者把对象的某一缺点变成暗点，笼罩其他不暗的地方，以致于把对象的一切就暗化了、丑化了。简言之，晕轮效应的结果是一俊百俊，一丑百丑。

六、马太效应

马太效应是马太福音上说的一个故事，说主人外出，给能力最强的人1000元，给居中的100元，给最差的人1元。主人回来，能力最强的人回报给主人1万元，他利用这笔钱去做生意了；居中的返回了2000元，他用这笔钱干了些小买卖；而能力差的人，还回了1元，他把那1块钱埋在地下，等主人回来。

马太效应不仅影响到对人才的选择使用，而且影响到对人才的激励奖励。评了先进，升了职，紧接着就是加工资，换住房等。

要克服马太效应的副作用，领导者的眼睛不能只盯着少数几个人，不能把什么好处都给少数几个人。领导者要扩大视野，努力发现暂没出名的潜人才，并创造条件让他们成为既有才干又被社会承认的人才。

七、区别不同的人才

任何部门、任何单位的人都很多，但他们特点不同，类型不同，有善于闯关历险的千里马，有默默奉献的老黄牛。其实，千里马是人才，老黄牛也是人才。

千里马总是少数，他们是工作的骨干，具有开拓精神。敢闯会跑，能起带头作用。这种人有智慧，善思考，能帮助领导者出主意，献计谋；这种人能够眼观六路，耳听八方，能够驾驭全局，驾辕引路；这种人往往能力很强，办事效率高，不怕困难；这种人往往富有竞争精神和献身精神，甚至富有崇高的使命感。而单位里往往更多的是老黄牛。

所谓牛是指埋头苦干、任劳任怨、勤勤恳恳、兢兢业业的老实人。这种人在单位里人数最多。就创新开拓，驾辕引路而言他们可能不如马，尤其不如千里马，但“骏马行千里，犁田不如牛”，牛自有牛的优点，牛自有牛的高贵品质。牛能够坚守岗位，默默奉献；能够不计待遇，苦干实干。领导者要能区分出马和牛，要关心牛、爱护牛。

用人的基本原则

一般来讲，中层管理者要做到合理使用和安排下属，需要掌握下列基本的用人原则：

一、能位相配，人尽其能

人才有不同的层次和类型，在用人的时候，必须做到能位相配，量才使用。既要避免大材小用，也要避免小材大用。要把人的才能、专长与岗位、职务和责任统一起来。

二、避其所短，用其所长

领导者的用人之道是用其所长，避其所短，宁用有缺点的人才，不用所谓无缺点的庸才。对于那些才华横溢、智能超群，同时也可能缺点突出、争议很大的人，中层管理者要有胆识和气魄，力排众议，态度鲜明，容其所短，大胆重用。中层管理者在用人之所长时，并非完全不看人之所短，更不是任其发展，而是对其短处做具体分析。若其短可能碍其长，则要注意在用其长时提防其短；若其短不碍其长，则可不必理会。一个优秀的中层管理者，应尽力为人才各展其长创造条件。

三、用人不疑，疑人不用

中层管理者对所用的人，要充分信任，大胆地让他工作，使他独立地负起责任。做到用人不疑，疑人不用。用人信而不疑，使人产生心理上的安全感，使人的积极性得到充分发挥；用人信而不疑，使人对组织、对其工作的集体产生归属感和认同感；用人信而不疑，能增强人们的自信心，从而加强主动性与创造性；用人信而不疑，会使人产生期待感，它能激发人的进取心，增强其克服困难的力量。

中层管理者要做到对下属信而不疑，需要把握好以下几点：

1.不要听信谗言，要有识人识事的慧眼，识破谗言。

2.对进谗言者要教育，造成严重后果的要绳之以法。

3.对受害者要澄清事实，在没有查证落实之前，不能轻易地怀疑、处置受谗言所害的人。

四、不分亲疏，任人唯贤

任人唯贤和任人唯亲，是两条对立的用人路线。我们必须坚持任人唯贤，反对任人唯亲。任人唯亲是自私心重、心胸狭窄、目光短浅的表现。中层管理者应以事业为重，打破“亲疏”的界限，坚持从实际出发，大公无私，不拘一格，任人唯贤，实事求是地去选拔和使用人才。

五、容才纳贤，高风亮节

中层管理者应该具有容才纳贤的气魄和雅量，对此，可从如下几点把握：

1.容人之长。一些中层管理者对一般的人才可以任而用之，可对八斗之才、拔尖之才，尤其是超过自己的高才却容忍不了，认为人家构成了对自己权力和中心位置的威胁。于是，嫉妒之心油然而生，压才之举随之而行。殊不知，这是愚人之见。真正的优秀人才必会脱颖而出，任何人也压不住。高明的中层管理者，对高才是喜不是忧，是扶不是压，是求不是弃。因为他懂得，高才是事业成功的希望。

2.容人之短。人才虽有所长，也有其短。有的优点突出，缺点也突出；有的恃才自傲；有的不拘小节；有的脾气古怪；人才之间还有各种矛盾。因此，中层管理者既要用其长，也要容其短。

3.容人之言。即要听取贤才的各种主张、意见，鼓励他们讲话，尤其能听取他们讲出不合自己口味的意见。因为，既然是人才，必有自己的真知灼见，必然对自己的见解充满自信心，对上司的意见不会随声附和，往往坚持己见。有的人才还往往不懂世故，不顾情面，不分场合，秉公直言，领导者容人之言，也是发扬民主的表现。作为一个领导者，应当接贤纳谏，广开言路。

4.容人之冒犯。容人之中，容人之冒犯最难。某些领导者如“老虎的屁股摸不得”“太岁头上的土不能动”，一摸即跳，一动就怒，你稍有冒犯之举，他就伺机报复，以“兵”相敬。真正有远见、有度量的领导者从不给冒犯者“穿小鞋”，对合理的冒犯，引咎自责；对不合理的冒犯，也能以事业为重，从大局出发，毫不介意。因为他知道，这些“胆大包天”的冒犯者大都秉性耿直，光明磊落，这正是难得的人才，是事业的希望所在。

让员工在专长上大显身手

中层管理者要想对员工进行有效的管理，首先必须知道他们能做些什么。要避免把任务分派给根本没有掌握完成任务所需的技能，或者没有接受过必要的培训的员工。

中层管理者若想知道部门内每一位员工都有哪些能力，必须了解他们的特长，而初步印象就是通过他们的履历表获得，然后做一份员工专长表。

通过为部门内的每一位员工建立一张这样的员工专长表，

中层管理者就会了解他手下有什么样的可供利用的人力资源。一旦有了新的任务，中层管理者能够很容易地决定谁是最合适的人选。

经过一段时间的观察，中层管理者就似乎可以看出每个员工具备什么技能，缺乏什么技能，还需要什么培训。但事实往往不是这样，因为有些员工十分擅长隐藏他们的缺陷，他们害怕让中层管理者知道自己不懂的东西。

一般的规律是，人们喜欢做那些自己做得好的事情，而不喜欢做那些令人遭受挫折或者掌握起来有困难的事情。发现员工们不喜欢做哪些事情，就会知道他们缺乏哪些技能。

用人时机的选择

所谓起用人才的恰当时机，应该符合以下两个基本条件：第一，能够最充分地利用人才最佳时期，使其在精力最充沛、才华最横溢的时期，做出尽可能多的贡献；第二，对人才健康成长最为有利，能够产生激励作用，促其成长。只有在恰当的时候，大胆地、及时地将人才选拔到重要的岗位上来，才算准确捕捉到了恰当时机，用当其时。

在具体运用适时起用谋略时，作为一个领导者，应着重注意以下四点：

一、不放过每一个稍纵即逝的用人机遇

要深知掌握用人时机的重要性，不要放过每一个稍纵即逝的用人机遇，并充分利用。

二、最大限度地利用每个人才的最佳时期

既然每个人才的最佳时期都有一定的局限性，为此，中层管理者在用人的过程中，就应该有意识地强化自己的适时起用意识，坚决摈弃一切求全责备、长期考验、求稳怕乱、论资排辈等陈腐用人观点，大胆起用那些锐意进取、勇于开拓的中青年优秀人才。

三、建立健全一套科学合理的、适时起用各类人才的制度

为了从根本上克服贻误人才、浪费人才的不良现象，每个中层管理者还必须根据本组织的实际情况，尽快建立健全一整套适时起用各类人才的制度，从而主动地为各类人才提供更多的成才条件和成才机遇。只有这样，适时起用谋略，才能在用人的过程中得到始终如一的、畅通无阻的贯彻实施。

四、随着环境的变化而变化

用人之道是随环境的变化而变化，首先是要做到对环境的适应。环境是用人行为发生、发展和实现的基础，它为中层管理者搭建了充分施展才能的平台，又同时给中层管理者构建了许多限制框架和制约条件。善于权变的中层管理者非常重视环境条件，他们会根据具体环境，确保自己的行动和决策既达到目的又不悖于客观实际。

创造成才环境

在部门里一旦出现了冒尖的人才时，难免有人会流言蜚语，甚至造谣中伤。作为中层管理者，面对这种情况，应该做到以下几点：

一、创造优良环境

为了使冒尖人才能够脱颖而出，必须在公司内部创造一种有利于人才脱颖而出的优良环境。公司全体上下尊重人才，尤其是冒尖人才，人才按照贡献的大小具有相应的鼓励机制，真正的人才才能够人尽其才。

二、大胆地启用

在对待冒尖人才的问题上，中层管理者应该表现出自己的魄力，要大胆地启用，不要顾及别人的流言蜚语。冒尖人才需要得到领导的赏识，需要领导不拘一格地使用，为他们提供实现自己价值的机会。

三、尽快提拔

一旦发现了冒尖人才，应尽快地把他们提拔到关键性的岗位上去，让爱说闲话和造谣的人自感没趣。

四、制止流言蜚语

有些人出于各种各样的心理，往往会散布关于冒尖人才的各种流言蜚语，对于这种行为，中层管理者要及时地制止。对于情节严重者，一定要给予严厉的处罚，这体现了对冒尖人才的呵护和支持。

五、进行奖励

对于冒尖人才，要进行适当的奖励。这不仅有利于鼓舞他们的斗志，而且也有利于他们更快地成长，同时对公司的其他员工也能起到一种示范效应，有利于在公司内营造一种尊重人才的氛围。

六、解决后顾之忧

冒尖人才一旦被提拔重用，一般就会全身心地投入工作。这个时候，中层管理者要照顾好冒尖人才的家庭，解决他的后顾之忧，让冒尖人才安心工作，早出成果。

对于冒尖人才，中层管理者一定要提拔重用，给他们创造实现自己价值的机会，为公司创造更多的效益。

⊙第六章⊙

中层管理者的激励手段

激励方法运用得适当与否，不仅影响中层管理者的个人形象，而且会影响群体组织的形象。因此，从一定意义上讲，激励的效果高低完全取决于中层管理者运用激励的严肃性。为把握运用激励的科学性、严肃性，就要求中层管理者采取既积极又慎重的态度，坚持按贡献大小行奖赏，切忌弄虚作假，明争暗斗，拉关系，走后门，搞照顾。同时要发扬民主政治的作用，听取群众意见，选准激励对象，使大家真正口服心服，达到激励效果的长久性和科学合理性。

中层管理者激励下属的方法

一、目标激励法

激励理论认为：人的思维和行动都具有一定的目的性，设立一个适当而又具体的目标，就可以有效地激发人们的动机，鼓舞和激励人们采取积极的方法去努力奋斗。目标激励法就是基于这一原理，运用目标的激励作用，去激发人们的工作积极性和创造性的方法。通常的做法是，中层管理者根据形势和任务的要求，首先制订一个既振奋人心又切实可行的目标，然后运用各种手段广泛深入地进行宣传，使下属清楚地了解这个目标，明确自己在实现这个目标过程中应做哪些工作，从而自觉地为实现这个目标而努力奋斗。

二、榜样激励法

即中层管理者通过树立鲜明、生动、具体、形象的学习榜样，来激发下属的上进心和荣誉感的方法。通常的做法是，中层管理者在工作和生活中，根据工作任务和本单位实际情况的需要，树立那些比较全面或在某一方面表现突出、有重要贡献的先进模范人物为榜样，引导和号召下属向他们学习，并努力去仿效和超越他们，从而使下属的工作积极性和创造性得到充分的激励和发挥。

三、表率激励法

中层管理者除了组织赋予的正式权力外，还有非正式权力，即作为组织领导对下属的影响权。根据领导管理需要下达的计划、指示是有声的命令，领导者的以身作则则是无声命令，同样能激励下属的积极性。孔子曰："其身正，不令而行；其身不正，虽令不从。"说的就是这个道理。一个中层管理者，如果行为不端，言行不一，他就会在下属面前失去威信，号召就没有感召力，下属的积极性就调动不起来，而且还可能导致"上梁不正下梁歪"的结果。而如果中层管理者处处以身作则，起表率作用，就能激励出下属的积极性。因此，这就要求中层管理者做到：要别人做到的事，自己首先做到；要别人不做的事，自己首先不去做；同时，充分发挥自己的表率作用。

四、反向激励法

顾名思义就是指中层管理者通过向下属的心理施加反向的负刺激，来激发他们的自尊心和荣誉感的方法。其通常做法是，中层管理者针对下属争强好胜的心理状态，有意识地直接或间接地向下属表达诸如怀疑、否定之类的信息，来适度地触动他们的自尊心，使他们从内心产生一种保持自尊的强烈意念，驱动他们用自己的富有积极性和创造性的行动来否定外来的负面信息。

五、对话激励法

即指通过中层管理者与群众、下属之间坦诚、平等的对话，使彼此之间的思想认识趋于一致，思想感情产生共鸣，互相理解、互相支持、互相督促，从而最大限度地激发来自两个方面的积极性和创造性的方法。

六、评比竞赛激励法

所谓评比竞赛激励法，就是指中层管理者通过经常性的检查评比和多种形式的竞赛活动，来激发下属的上进心和竞赛意识，努力使自己的工作走在他人前面的方法。其具体做法是：评比竞赛之前，拟订好具体的标准和实施细则，提出明确的要求，做好宣传鼓动工作；评比竞赛过程中，以事实为依据，坚持标准，客观衡量，秉公办事，并注意引导员工克服单纯锦标主义倾向；评比竞赛之后，认真及时地做好各种人员的思想工作，鼓励先进更先进，帮助后进赶先进。

七、尊重支持激励法

当下属致力于一项新的、创造性的工作，或者在平时工作中遇到困难、阻力和非议时，总是期望能够得到上级领导者的尊重和支持。这种尊重和支持，可以使下属产生一种自豪感、自信心和完成任务的积极性。

八、集体荣誉激励法

荣誉是精神奖励的基本形式，它属于人的社会需要，是人做贡献于社会并得到承认的标志。荣誉可分为两大类：个人荣誉和集体荣誉。由于荣誉和人的理想志向比较接近，因此，无论个人荣誉还是集体荣誉，都能激发、调动人们的积极性。

从心理上尊重员工

尊重人是一个做人的基本原则，被人所尊重和尊重他人是同样的，尤其是处在领导这个位置上，彼此尊重是能团结起来的最重要的前提条件。

尊重下属是中层管理者应具有的品格，也是调动下属积极性的一种领导艺术。一个中层管理者必须学会尊重人，因为尊重是一种巨大的力量。

作为一个单位或企业的中层管理者，想获得下属的尊重，想让下属认可自已的领导才能，那就要遵循一条准则，这条准则就是："尊重他人的优点。"假如重视这条原则，那么将能有效避免陷进困难的境地。无数的事例证明：谁遵循这条原则，就将拥有众多的朋友并始终感到幸福；谁若违反这条准则，谁就会遭受挫折。

要让一个人尊重他人，是一件很不容易的事。因为每一个人，都认为自已比别人高明。解决这种症结的办法是要让他明白，你承认他的优势，并且是真诚的承认，这样就会打开他的心扉。

良性竞争有利于调动干劲

每个中层管理者都要明白：员工之间肯定会存在竞争，竞争分为良性竞争和恶性竞争，中层管理者的职责就是要遏制员工之间的恶性竞争，积极引导员工的良性竞争。

中层管理者一定要关心员工的心理变化，在公司内部采取措施防止恶性竞争，积极引导良好竞争。

一般说来，引导员工良性竞争常用以下几种技巧：

1.中层管理者要创造一套正确的业绩评估机制。要多从实际业绩着眼，不能仅凭个别员工的意见或者自己的好恶来评价员工的能力与业绩。总之，评判的标准要尽量客观，少用主观标准。

2.中层管理者要在公司或本部门内部创造出一套公开的沟通体系。要让大家多接触，多交流，有话摆在明处讲，有意见当面提。

3.中层管理者不能鼓励员工搞告密、乱揭发等小动作。不能让员工相互之间进行监督，不能听信个别人的一面之词。

4.中层管理者要坚决惩罚那些为谋私利而不惜攻击同事，破坏公司正常工作的员工，要清除那些害群之马，整个公司才会太平。

总之，中层管理者是公司或本部门的核心和模范，他的所作所为对于公司或本部门的风气形成起着至关重要的作用。

中层管理者必须从制度和实践两方面入手，遏制员工的恶性竞争，积极引导良性竞争，让大家心往一处想，劲往一处使，将公司的工作做得更好!

给员工充分发挥实力的机会

人在被赋予超出实力的地位、头衔、工作后，常常就会“自我膨胀”。

在企业中，一旦让一个人升职后，就不会随便将他降职。如果是让没有实力的人占据上位，往往会造成很多日后的问题。所以企业在选拔人才的时候，一定要特别小心谨慎。

不过，有些人在被赋予更高地位或重大责任后，能更加成熟，虽然一开始做什么事都不顺手，但渐渐也能熟练而胜任愉快。

这些人的特性就是：认真努力、积极主动。

他们是值得奖励的。那些傲慢无理、缺乏协调性的人和胆小怕事、缺乏自信的人，都是不值得信赖的。

虽然要将地位、责任做适当的授予很困难，但如果能安排得当，对公司和管理者本人都会有好处。

虽然一般机构都是依年龄、学历、资历等条件选人才，但要知道一个人的真实实力，有时更应该抛开这些束缚，给予对方充分发挥的机会。

这种方法也可以应用在工作的分配上，让有能力的人做有价值的工作。当然，中层管理者的支持也是绝对必要的。

善于激发失意的下属

成功者，是因为他们付出的汗水和心血比别人要多，理应得到鲜花和掌声，无可非议。但是，那些失败之人呢？有谁曾想到过他们？

他们一样也曾为了某个目标而艰辛地跋涉着。他们付出的并不比别人少，甚至比成功者还要多。但总是因为这样或那样不可预知的原因，屡屡与成功失之交臂，那么，他们的付出，该不该得到回报？

下属勤勤恳恳地工作，有时会取得好效果，有时会适得其反。这时，管理者一定要给予鼓励，及时送上你的掌声，有时你仅是给下属一点儿真诚的掌声，那份善意的作用就会远远大于金钱和任何物质的东西。

下属也会有挫折、伤痛、懊恼、泪水等，一切都是在所难免。下属跌倒了，管理者要鼓励他爬起来，这说起来很简单，但让下属做起来却非常不容易，尤其是当周围是一片冷嘲热讽的时候，谁又能够依然潇洒地爬起来？这爬起来的支点又何在？没准会让下属真的就永远不再试图爬起。但倘若这时耳边响起了管理者的掌声，即使这声音是那么单薄，下属也会重获面对失败的勇气。

⊙第七章⊙

中层管理者决策方略

正确的决策是中层管理者的第一要务，是中层管理者的领导艺术和领导水平的集中体现。由于中层管理者居于“中坚”位置，具有最后执行的权力，因此，中层决策水平的高低，对于保证决策的先进、科学、可行、高效，起着关键性的作用。

中层管理者应具备的决策素质

中层管理者要有高瞻远瞩的战略远见。管理的本质在于它的全局性、超前性和目的性。重大问题的决策，要能统揽全局于胸中，放长眼光于未来，深思熟虑，一步十筹。既照顾眼前的直接利益，更关注看不见的长远利益；既不忽视功在当前、利在当前的事，更重视功在当前、利在今后的事。眼前有利而对长远不利，当舍则舍；长远有利而需要牺牲眼前利益，当取则取。短期心态、短期行为，是中层管理者决策的大忌。

要有集思广益的民主作风。凡是好的决策，都是走群众路线、集思广益的结果。有比较才有鉴别。意见不怕多，意见越多，优选的余地越大。中层管理者决策要能广泛听取各方面的意见。决策者与被咨询者之间“不谋而合”的情况是有的，但是，也会有“谋而不合”的时候。在这种情况下，决策者应该善于听取不同意见。不同的意见，实质上等于提出了更多可供选择的方案；不同意见之间各扬其长，互补他短，可使各个方案的利弊得以充分显现；不同意见的争论，是一个统一认识的过程；不同意见能够提高决策的可靠性。好的决策不是从众口一词中产生的，而是集中不同意见的正确、合理部分做出的。在听取尽可能多的不同意见中决策，这是中层管理者决策水平高的体现。

要有联系、发展的辩证思想。作决策要能用联系的、发展的观点看问题，既看到近期效果，也考虑长远影响，既讲重点论，又讲两点论，抓住重点，兼顾全面。运用谋略咨询研究成果，同样要具有正确的思想方法。决策与研究，是辩证的统一。管理者越是重视研究成果的运用，对正确决策的作用也越大；研究成果的质量越高，对正确决策的作用也越大。获取研究成果和应用研究成果应该并重，不能重视出成果，忽视用成果。

做决策要有轻重缓急

和做任何事情一样，中层管理者做决策也要有轻重缓急，这是中层管理者应当把握住的问题。

机会和资源的最大化原则是指导公司确定轻重缓急的准则。除非少数的几个实属第一流的资源，被满负荷地用于为数不多的几个突出的机会，就不能说公司的轻重缓急已被真正确定。尤其是那些真正重大的机会，即那些可以实现潜能和那些可以创造未来的机会，必须得到它们的潜能所应得到的资源，即使以放弃眼前利益为代价，也在所不惜。

轻者当缓，重者当急，慎重决策，这关系公司的生死存亡，一刻也不能忽视。

事实上，决策本身既是一件硬性工作，也是一件弹性工作，但不能眉毛胡子一把抓，更不能固执行事，应该采取灵活的方法，控制好决策的过程，该先就先，该后就后，做点儿弹性处理也是中层管理者的智慧所在。

决策最忌面面俱到，面面顾不上

有成效的领导者不会亲自做很多的决策。他们集中精神于重大的决策上。他们着眼于战略的决策，而不着眼于解决具体问题。

作为企业的中层管理者，每天要管的事情很多，忙得团团转。但事情总有轻重之分，眉毛胡子一把抓的领导绝不是一个好的领导者。好的中层管理者应该把最主要的精力放在抓好大事上，要抓到经营管理工作中的要害问题。

对于中层管理者而言，什么事情是大事，是要害问题呢？应该说决定重大的方针政策就是大事；计划决策和重大的人事决策就是大事；关于工作的方向、目标以及办法、措施等的决定，也是大事。

中层管理者应知道，什么时候要根据原则做决策，什么时候要按照实际的情况做决策。中层管理者必须学会区别正确与错误。最费时间的并不在于决策本身，而在于决策的推行。不能演化为行动的决策，不是真正的决策，最多只是一个良好的愿望而已。

从决策者的角度讲，谁都想把决策设计得非常周全，不出疏漏，形成连环套。事实上，要做到这一点，是非常困难的。应该先挑出一个关键部分进行决策，防止面面俱到而面面顾不上的情形出现。

凡事不要处理过头

判断决策的标准是要准确得体。一般来说，中层管理者的决断要讲究分寸，留有余地，这也是一种重要的领导艺术。凡事不要处理过头，对事物留有余地，这就是“过犹不及”的道理。因此，中层管理者在决断时既要留有余地，又要把事情处理好，这样才比较主动。总的说来，有下面三条原则：

一、中层管理者决策要深思熟虑，不要草率匆忙

这里说的深思熟虑，深思就是对问题进行深入思考，抓住事物的本质，把握了事物的客观发展规律；熟虑就是经过仔细考虑，把利弊得失都全面地考虑清楚，而后再进行决断。这就是古人所说的“三思而后行”。

二、中层管理者决策要善于选择时机，不要错过时机

一般来说，善于把握时机是很重要的一种决断艺术，因为时机从哲学意义上说，就是处理矛盾的“火候”，当时机即主客观条件不成熟时，过早决断是达不到预期效果的；相反，当主客观条件具备，即时机成熟了，如果行动迟、抓得慢，也会贻误时机从而失去成功的条件。

三、中层管理者决策要留有余地，不要处置过头

在决断中，对人、对事处理都不能过于绝对，一定要留有余地。这是因为：

1.可能由于情况不明确或判断不当而会造成一定失误。

2.随着条件变化而导致事件的要素乃至性质发生变化，这样对原来的结论也要进行修改，在这种情况下，如果决断时不留有余地，当情况一旦发生变化，改起来就比较困难，不利于发挥各方面的主动性。

决断前的问答

一、这项决策必须由自己来做吗

当一项决策摆在中层管理者面前时，他首先所要考虑的是这项决策所涉及的职权范围和限制因素，然后才能分辨出该由谁来做决定。

二、这项决定值得自己做吗

做任何决定，首先必须考虑决定的价值。鉴别一项决定有没有价值的最好办法，是反问一句："假如这个问题不解决，将会出现什么后果？"这样做，就能很快地透视出问题的严重性了。

三、必须在什么时候做决定

做决定，时间是一个重要因素，条件不成熟而做决定是冒险的；条件成熟了而拖延不做决定，优势也会转化为劣势。

四、已经掌握了做决定的必要事实吗

在做出任何决定之前，必须掌握与此有关的、尽可能多的事实和资料，同时也要考虑决定可能带来的后果。

五、自己将怎样做决定

做决定应当仔细地衡量各种方案的优劣利弊，掌握亏损和获益的准确数据，从中选择出最优方案。

确定决策目标

一个优秀的中层管理者，不能满足于现状，要善于发现新问题。通过调查研究，了解问题的内容、性质、表现形式、产生的原因、背景等，以确定问题的关键所在。在此基础上，提出目标。确定目标关系到决策实施的结果，有人列出了下面这样一个公式：

目标方向×工作效率=效果

如果目标方向错了，效果就成了负数，效率越高，效果越坏。决策目标要符合以下要求：目标不能是模糊的，不能有多种解释；目标的落实必须有时间规定；目标的成果是可以衡量的；目标的实现应明确责任。确定目标要实事求是，留有余地。目标过低，就会唾手可得；反之如果过高，会使人望尘莫及，两者都不利于发挥员工的积极性。

决策的实施与反馈

选定方案后就应付诸实施。其主要工作：一是精心安排实施计划；二是调整组织、配备人员、明确责任；三是分解指标、层层落实；四是具体指导、搞好协调；五是做好宣传工作。在实施过程中，其执行情况与目标偏离是常有的，一般有以下几种原因：

1.员工没有认真按决策方案办事。

2.目标正确，方案总体合理，但发现局部不合理。

3.在实施中某些情况发生了变化。

4.目标有问题，方案总体基本是错的。

对第一种情况应采取有力措施，排除阻力，坚决实施到底；对第二、第三种情况，可以进行修正、调整；对于第四种情况，则对决策方案进行根本性的修正。这种根本性的修正称为追踪决策。

追踪决策具有下述四个特点：

1.回溯分析。应对原决策的产生及环境变化情况，逐步地进行逆推分析，找出发生偏差的环节，确定问题的症结，总结教训。

2.非零起点。追踪决策面临的是原定的决策已经实施了一段时间的情况，它的起点不是从零点开始，而是在现有事实的基础上重新决策。

3.双重优化。它不同于一般决策，不仅是在供选择的几个方案中选优，而且还要优于原方案。这种双重优化给追踪决策带来更多的困难和复杂性。

4.心理效应。原方案已被执行者接受，要进行大的改正，必须充分注意他们的心理变化以及思想情绪的波动，做好思想教育工作，防止某种消极、抵触情绪的产生。

许多日本企业从无到有，从小到大，从国内到国外，发展很快，他们在进行决策时，精心、细致、周密，其核心是如何取胜。英国人用猫捉老鼠的过程形象地描绘了日本人决策及其实施过程。首先是卧下静观老鼠（决策对象）的动静；当确定老鼠的行踪走向之后，它轻轻地迈出两小步，看老鼠的反应；当有把握捉住时，则以最快速度扑上去，捉住不放，直至彻底完成战斗为止。这个过程，是弄清情况，集中精力，保证重点，积蓄进攻力量，由慢到快，由稳到急的决策过程。

决策失误后的弥补

决策是中层管理者的重要职责，是整个单位或部门领导过程的中心环节。由于主客观条件的局限，决策失误是中层管理者在工作中必然要发生的问题和情况，而如何解决决策失误后的问题则是对一个中层管理者的能力、水平乃至人品、官德的考验。所以，发现决策失误后如何及时纠错，值得中层管理者深入思考和研究。

一、及时消除错误决策带来的负面影响

二、深刻反思造成决策失误的主要原因

三、提高认识，精心修正原有的决策方案

四、加强督促，确保决策全面迅速执行

⊙第八章⊙

中层管理者的沟通艺术

沟通对组织、对个人，尤其是中层管理者的工作，都有重要的意义。现代管理学上有一种说法，管理就是沟通，任何问题都可以通过沟通来解决或改善。作为一个合格的中层管理者，沟通能力应占80%，而其他能力只占20%。没有经过相关培训的中层管理者，普遍缺乏沟通的意识和能力。因此，中层管理者需发现并重视沟通的重要作用，将培养自己的沟通意识和提高沟通技能上升到战略高度来加强，才能够进步得更快，企业才能够发展得更顺畅、更高效。

思维要与领导同步

中层管理者应善于理解上级领导的意图，做到同步思维，并及时准确地向他传递相关的信息和资料。

真实、准确而又充分的信息是上级领导进行决策的基础和前提条件。历代统治者，都十分注重拓展自己的情报来源，及时掌握事态的发展和变化，防止被别有用心者操纵视听，堵塞耳目。

在现代条件下，面对瞬息万变的社会发展情势，上级领导就更需要及时掌握大量的信息，特别是那些与自己关注的决策问题密切相关的信息，这些信息往往关系着这些上司决策的成败，有时甚至是事业的成败。无疑，那些能够为他提供感兴趣的相关信息的人就会受到重视。

上司感兴趣或关注的问题，有时是很明显的，即上司把这一问题明确提出来，交由下属去办理。如果这时你尚不清楚领导的意图，就说明你在思维上已比上司晚了一步，在行动上也比较被动。因此，中层管理者应时刻关注上级领导所面对的各种问题，并给上级领导提供更多的有用信息。

中层管理者与上司建立良好的关系，博得上级的赏识，一定要做到：想上司之所想，急上司之所急。

中层管理者与上级沟通的方法

中层岗位的最大特点之一，就是勤于沟通。中层管理者既要了解所在单位的发展战略，又要对本部门和下属员工的要求有深入了解，还要关注业界人才市场的发展动态。所以中层管理者要以变化为导向，时刻审视现有人员状况是否满足单位的要求，是否适应单位今后的发展和变化要求，并做出怎样的计划和调整来为单位的发展提供人力资源上的保证。所有这些，都要通过沟通来达成共识。

中层管理者在与自己的上级领导们进行沟通的时候，既不能无所顾忌，也不能缩手缩脚，要注意以下几点事项：

一、理解上司的真正期望

二、确保上级的指示具体明确

三、中层管理者有权力提出不同意见，但要在一定的范围内

四、为了从事所要求的工作，在资源方面与上级获得一致意见

五、确定上级领导希望什么时候看到结果报告

总之，与上司经常进行富有艺术性的沟通，可以帮你建立融洽和谐的工作环境，而这也是事业取得成功的必要条件。

向上级汇报工作的技巧

一、调整心理状态，创造融洽气氛

二、以线带面，从抽象到具体

三、突出中心，特点鲜明

四、弥补失误，力求完备

五、把握汇报工作的“度”

六、选择汇报工作的时机

七、不要事事汇报

八、选择汇报方式

1.定期汇报。报告的时机因其重要的程度不同而不同。很重要的事，必须即刻提出报告。至于次要的，或属日常性事务，可以在一天的工作告终之时，提出简明扼要的报告。

2.中途报告。如果一件任务完成得很顺利或完成时间很短，就用不着中途报告。但完成一件任务需要很长时间，在解决途中就需要向上级进行中途报告，汇报工作的进展情况，以便上级对自己的工作有所了解。另外，有意外事故发生时，也需要提出中

途报告，分析原因，展示过程，并请求上级对以后工作的指示。

3.口头汇报。内容比较简单时，一般采用口头报告的形式；上级急着要知道情况时，一般也采用口头报告的方式。

4.书面报告。一般而言，内容较为复杂，或很重要，需要归档，或需转递报告时，都要采用书面报告的形式。

甘做上司与下属的连通器

作为中层管理者，一定要尽自己所能，甘做上司与下属的连通器。

一般来说，中层管理者在做好这方面工作的时候，要考虑以下3点，以谋求上司与下属的理解与合作。

一、尽量让下属感到知足

个人满足感是员工个人对自己能力发挥的评价和对单位所做贡献的评价。每个员工对收入的评价首先都基于个人的能力，如果他认为他可以承担领导的责任，但是目前所处的位置又是普通职员，那么就会觉得不可能发挥他的全部才干。这时候，你即使给予该岗位以客观的评价，并提供高于他目前所做贡献的待遇，也难以让他满足。

每一个员工在工作的时候，都会不断地衡量自己的得失，如果他认为单位能够提供满足他个人需求的收益，才会安心地工作。如何创造机会让员工能够获取应得报酬，或让员工相信他能够获得应得报酬，从而努力地工作，是中层管理者最基本也是最核心的命题。

要保证个人满足感，首先是量才而用，并为有才能者创造脱颖而出的机制。海尔的人才观是“赛马不相马”，说的并不是不需要量才而用，而是说不以上级领导对个人的评价作为竞争评价标准，而是以一套公正透明的人才选拔机制，用个人在工作中的实际绩效作为评价机制和评价标准。

要保证个人知足，还需要事先说明规则，建立制度的契约或心理的契约，目的是双方都明白相互的权利和义务。重要且比较容易判断其对单位贡献的岗位，宜采用业绩导向的薪酬，常见的如销售人员、市场人员等。

二、谋求同事心理的平衡

这一点主要是指员工同事相互之间的比较衡量。古人云：“不患寡而患不均。”不均则不平，不平则鸣。在大生产的条件下，作为单位集体一分子的员工，很难判断个人的工作成效和对单位的贡献的大小，这时候对员工影响最大的就是与身边其他员工的比较。有了比较，也就容易产生不平衡，乃至发生一些不必要的纠纷。为了保障团队内部的平衡，需要有统一的薪酬体系、科学的岗位评价和公正的考核体系。

三、尽量让上司感到满意

上级领导对下属员工的了解究竟有多少，很大程度上取决于中层管理者的汇报与沟通，特别是当上级对下属不理解的时候，就更需要中层管理者发挥连通器的作用，巧妙地向上司解释，说明造成误会的原因等，以求得上司的理解与满意。

与同级领导沟通的一般原则

中层管理者在处理同级关系时，应懂得一些宏观艺术，因为同级之间，既有共同的目标，又有各自的分工；既需要相互支持、帮助，又蕴藏着彼此的竞争。

一、与人为善，以诚相待

同级之间的任何一个领导者，都期望有一个良好的人际环境，期望与其他成员和睦相处，在心情舒畅的情况下工作。而要达到这个境地，就要以诚相待、与人为善，以自己的诚心和善意去换取他人的实意和友善。古人云："精诚所至，金石为开。""诚之所感，触处皆通。"意思是说，只要真心实意以诚相待地对待别人，就会使人感化，无论在什么地方、什么情况下，都能把事情办好。同一级的领导者之间是为着同一目标工作的，没有理由不与人为善，友好善意地与他人相处。应当以"吾心换你心"真诚地对待同级、关心同级。当同级取得成绩、得到发展时，应当真诚地祝贺和欣慰；当同级受到某种挫折或不幸时，应当主动地关心和同情；当同级遇到困难时，应当积极地帮助和支持。而不能对同级的成绩讥讽挖苦，对同级的不幸幸灾乐祸，对同级的困难置之不理。否则，既会伤害对方的情感，更会影响彼此之间的关系。

以诚相待、与人为善，就是真心实意地对待别人，友好善意地与他人相处。这是人与人交往的基本规范和总体要求，也是中层管理者处理同级关系的首要原则。

二、互相补台，积极配合

同级之间应当积极主动地配合，齐心协力地工作，以求得最佳的整体效应。所谓互相补台、积极配合，就是既要有合作精神，又要有补台意识。这是对同级领导者行为方面的要求，也是处理同级关系的又一条重要原则。众所周知，在现代社会中，任何一个部门及其领导者，都需要与其他部门和领导者配合。那种“鸡犬之声相闻，老死不相往来”的“小国寡民”的思想，那种“各人自扫门前雪，哪管他人瓦上霜”的旧有的做法，既不符合时代的要求，在实际工作中也是行不通的。在这里面，同级领导者应当正确把握集体利益与个人政绩之间的关系。唯有处理好了这个关系，才能真正做到积极配合和互相补台。在积极配合的同时，还应强化补台意识，采取行之有效的补台措施。

三、见贤思齐，强者为师

处理同级关系，不仅要有容人之短的肚量，而且要有容人之长的胸怀。所谓见贤思齐，强者为师，就是主动地向贤者看齐，虚心地拜强者为师，这既是对领导者气度方面的要求，也是领导者处理同级关系的重要原则。由于同级领导者处在同一起跑线上，潜存着竞争的因素。毋庸讳言，处于同一层次的领导者之间，由于资历、阅历和受教育程度等方面的不同，使其无论是在能力、水平还是气质、修养方面，都存在着一定的差异。对此，应当积极地向贤者看齐。看到别人行的，多想想自己为什么不行，怎么才能行，虚心地拜强者为师。看到别人强的，多想想自己为什么不强，怎么才能强。切忌以己之长比人之短，拿己之优比人之劣，更不能嫉贤妒能，采取不正当的方式和手段“挤”别人，来个“我不行你也别行”“我不强你也别强”。前者既有利于自身的提高，又有利于处理好同级之间的关系；而后者则既不利于自己的提高，又有损于同级之间的关系，甚至还会成为受人唾骂的“小人”。

四、相互尊重

每一个领导者都有明确的分工和职权范围，彼此之间需要互相尊重。如果一个领导者擅自超越自己的职权范围插手别的领导者职权范围内的工作，就会使他人产生一种被人瞧不起、不被尊重的感觉，甚至会产生一种被人“夺权”的想法，这样就会使领导者的自尊心受到伤害。因此，一个领导者在完成自己的本职工作后，有能力和有必要帮助他人时，一定要掌握好分寸和尺度，掌握好时机和方法。

尊重，一方面表现为自尊，另一方面表现为尊重别人。每一个人都有自尊心，领导者尤其如此。当一个领导者在某些方面落后于他人，或某件事情做错了的时候，心中会产生一种既不服气又自责的情绪和感觉，害怕自己的威信下降，暗下决心要赶上去。在这种情况下，其他的领导者既要热情地支持、鼓励，又要善意地指出其不足，不要袖手旁观。随着社会的进步和发展，一大批有文化、有知识、年富力强的中青年进入到领导班子中来。虽然都是同一级别的领导，但由于年龄、资历、经验、文化知识的不同，使他们有着不同的思想感情和不同的心理。某些年纪大的领导者，他们虽然文化水平、干劲、精力与年轻干部相比差一些，但经验丰富，办事稳妥，遇事冷静，有许多解决问题的经验和办法，这是年轻干部所不能比的。青年干部要尊重老同志，尤其要尊重他们的自尊心，遇事多征求他们的意见。

五、宽容别人

在领导关系中，中层管理者的宽容水平越高，就越能与人搞好关系。而一个人心胸狭窄，处处不容人，就不会有更多的朋友，也就当不好基层领导。宽容别人偶尔的过失，是必备的素质。

作为一个中层管理者要有宽广的胸怀和气量，对于别人的缺点和短处应该持包容和宽谅的态度，并想办法用自己的长处去弥补。当然，容忍和宽谅并非是无原则的迁就，而是要在相互交往中互相宽容。

六、相互支持和帮助

一个能够在事业、生活等各个方面相互支持的领导集团，才是一个有力量的战斗集体。领导者之间在工作、生活、学习中相互支持和帮助，是圆满完成工作任务的前提。领导者之间的相互支持，往往体现在具体工作和生活中。例如，当某一领导同他人有矛盾的时候，你不是袖手旁观、置之不理，而是主动地帮助调和，解决矛盾，这就是一种支持；当某个领导在工作中遇到困难、阻力的时候，你主动地帮助排忧解难，在人、财、物等方面给予帮助，这就是支持；当大家对某一问题发表意见、看法，而真理又在少数人一方的时候，你能够顶住多数人的压力，站在少数人一方，这也是支持。支持体现在工作、生活、学习中的每一个环节。支持可以通过各种形式表现出来，对有成绩的领导者进行表扬，对正确的意见、看法表示赞成，对不正确的观点或做法提出诚恳的、善意的批评，等等。

领导者之间如果能够在这些方面相互帮助、支持，那么他们的关系就会越来越密切。

七、学会自制

领导者之间在交往过程中，往往因为在某些事情上意见、态度、看法不一致而发生分歧，甚至会出现争吵、发脾气的现象。在这种情况下，学会控制自己，增强自己的自制力是十分重要的。因为每个人都有自己的个性，喜怒哀乐也是人之常情。如果双方在对某一问题交换自己的意见、看法的过程中，不考虑对方的性格，不能很好地控制自己的情绪，就会言辞激烈，伤害对方的感情。一个经常发怒的人是很难与其他人相处的。在相互交往过程中有些事情是很令人生气并引起人们发怒的，例如，一些明知故犯的错误、一些不合理的要求、一些背后的“小动作”和造谣中伤等。遇到这种情况，切不可感情用事，要理智地认识到，尽管都是领导者，但每个人的思想觉悟、修养、水平是不一样的，每个人都有自己的短处，你自身也可能有做得不对的地方。

在双方意见不统一，容易产生争论的情况下，领导者首先要想到，自己的激烈言辞和发脾气会给对方带来什么影响？发怒是否会有助于解决问题？发怒会造成什么后果？自己有哪些做得不对的地方？等等。如果能想到这些，就会使自己的情绪冷静下来，从而减少争吵和伤害感情的机会。

八、以诚相待

一个领导者在与他人交往的过程中若能以诚相待，对方就能以礼相还。“投之以桃，报之以李”乃是人之常情。但要真正做到时时处处真诚待人，是相当困难的。有时你的真诚会被别人误解，甚至遭到别人的冷遇。也许有人还会把你的真诚看作是“刘备摔孩子——收买人心”，这些都会给你带来心灵与感情上的痛苦。所以，真诚往往需要时间与实践的检验。真诚不仅体现在工作上的支持与帮助，而且更体现在生活上的关怀。一个领导者如何知人并让人知己，除了工作上的了解外，更重要的是工作以外的了解。因为生活中的“领导者”才是真正的“自我”。领导者之间通过“非正式的关系”进行交往，相互了解各自的脾气、秉性、爱好、家庭生活，倾诉内心的忧虑和困扰，获得对方的理解和同情，则会增进相互间的真正了解与友谊，为真诚奠定感情基础。总之，无论在工作中，还是在生活中，都采取诚实的原则，领导者之间就会减少猜疑，减少矛盾，减少工作中的困难和阻力。“精诚所至，金石为开”，用在领导者之间的相互关系上也是十分恰当的。

九、相互信任

信任别人和被别人信任，这是一个领导者高贵品质的表现。相互信任、互不猜疑是处理好同级领导者之间相互关系的一个重要原则。要达到相互信任，一方面是自己要言必信，行必果，给对方以信任感；另一方面是要相信对方，遇事不要胡乱猜疑，更不要依据自己的臆想来推测对方如何如何。领导者之间的相互信任，可以减少许多因猜疑所浪费的时间和精力。信任是在相互间的交往中产生的，一个人只有自己行得端、立得直，才能有值得别人信任的地方，才能期望得到别人的信任。同时，信任别人，还要正确地看待别人对自己的忠言和直言，千万不要把这些话当作别人对你不信任的信息，正是因为别人信任你，才敢于同你讲真话，敢于同你倾诉肺腑之言。

与同级领导沟通的注意事项

一般来说，中层管理者在与同级领导进行深入交流的时候，要注意以下3个问题：

1.中层管理者要做好与同级领导的沟通，必须“对事不对人”。同级领导之间有摩擦是难免的，即使对一件事情有不同的看法，我们也应本着“对事不对人”的原则，及时有效地调解这种关系。

2.中层管理者要做好与同级领导的沟通，必须克服锋芒毕露的坏毛病。宽容是甘露，是美德，它能化干戈为玉帛。如果同级领导之间多一些宽容和理解，关系也就不会那么难处了。

3.中层管理者要做好与同级领导的沟通，一定要张开眼睛闭紧嘴。中层管理者千万不要在不适宜的场合，随便议论同级领导分管的工作。不仅自己要做到这一点，还应教育下属做到这一点。只有这样，才能在同级领导之间形成相互信任的友好和谐气氛。

中层管理者与下级沟通的原则

沟通不是简单的你说我听，而是一个信息交流、思想统一、增强认同感、加强凝聚力的过程，要想取得良好的效果，中层管理者须在实施过程中掌握一些原则。

1.要认识到下属或他人都有很多优点。

2.沟通应是双向的。

3.要注意积极倾听对方。

4.维护对方的尊严。

5.沟通方式是灵活多变的。

6.要真正地了解和理解对方，而不是把自己的观点强加给下属。

7.有隔阂时要主动改善关系。

8.大胆信任和授权。

9.人格平等。

10.调节自身引力。

11.信息沟通渠道畅通。

实践表明，领导活动中的许多病症，特别是上下级之间的矛盾和隔阂，都可以从信息沟通上找到原因。因此，掌握和提高信息沟通艺术，对协调统一下属的意志，保持良好的上下级关系，促成巨大的组织合力，具有十分重要的意义。

中层管理者批评下属的禁忌

否定和批评是为了根除工作中的错误，使下属走上正确的道路。因此，要使批评达到目的，就必须讲究批评的艺术，避免下列几种消极的、简单化的倾向。

一、捕风捉影，无中生有

二、言辞尖刻，恶语伤人

三、乘人不备，突然袭击

四、姑息迁就，抛弃原则

五、不分场合，随便发威

六、吹毛求疵，过于挑剔

七、口舌不严，随处传扬

八、婆婆妈妈，无休无止

中层管理者处理下属汇报的艺术

为避免误人误事，实现科学决策，树立良好作风，领导者在听取汇报时，应坚持一定的原则，严格把好接待关，力争使自己听的汇报富有实效，并在众多错综复杂的汇报面前耳聪目明。

一、要听主渠道的汇报

不是代表组织的个人汇报和借口陈述所谓“群众反映”的非原则性问题的汇报不听，因为听了只能因小失大，自寻烦恼。

二、要按正规程序听取汇报

对不按组织程序和以不负责任的匿名信以及不符合送发文程序的“跳跃型”、传单式的汇报，要保持政治警觉。

三、要听怀着正确动机的汇报

对在非正常情况下，带有自私心理，巧施伎俩，实现“招”“转”“调”“提”等非分要求的，应善于洞察，明确表态，不给汇报者留有半点儿钻空子的余地。

四、要听职能范围内的汇报

对部属各层次范围的事，下级怕负责任，故意上交矛盾，或玩忽职守，出了问题想开脱自己的，不要含糊放纵。

五、要听合理化建议的汇报

对不是出于公心为了事业，而是编造谎言、以假乱真或借题发挥、制造矛盾的汇报，不要偏听偏信。

六、要选择适宜听汇报的地点

对非特殊情况或非紧急公务的登门汇报，特别是勤于串门的“常客”，应坚持家中不谈工作或不予接待。

一些单位长期不安宁，正气难树立，歪风难顶住，正是部分汇报者的虚假和听汇报者的不规范所产生的负效应。因此，要鉴别众多汇报的真伪，带头兴规矩、讲程序、堵邪门。

怎样才能更具亲和力

亲和力，通俗地讲就是要进入别人的“频道”。人与人相处，首先必须找出共同点。所谓“物以类聚，人以群分”，人们之间的相似之处愈多，彼此就愈能接纳和欣赏对方。

同样的，如果亲和力较强，那么沟通起来就事半功倍了。这里读者可能就要问了，如何才能形成一种成功的亲和力呢?

一、沟通双方情绪等频

假如跟一个循规蹈矩、不苟言笑的人相处，你应该表现得严肃点儿、认真点儿；而和一个比较随和、爱开玩笑的人相处，你不妨表现得轻松一点儿，开朗一点儿。这样，你和对方的情绪就是同步的，会让对方产生一种被理解、被接受和被尊重的感觉。否则，就会让对方产生反感，因为你的情绪是对对方的否定。情绪不同步，将使交流双方的心理距离拉大。

二、沟通双方认识同步

在亲和力的培养方面，还有一点就是沟通双方在认识上必须同步。说到这个，我们又不得不提一个著名的法则，即：七加一法则。

所谓的“七加一法则”是指：如果你通过提问引导对方，使对方一直说：是的、我赞成、我了解、我同意及类似的肯定语句。如果你让他连续同意了七次，通常在第八次问他时，他就会习惯性地同意。

综上所述，在提问的过程中，要诱发对方的兴趣，用问题来引导对方产生正面的回馈。

三、沟通双方生理状态同步

如前所述，人与人之间的沟通，有三个渠道：一是你所使用的语言和文字，二是你的语气或音调，三是你所使用的肢体语言。根据调查，人与人之间的沟通，文字只占了7%的影响力，语气和音调占38%，而肢体语言占55%。可见，肢体语言——表情、手势、姿势、呼吸等是最重要的沟通方式。在这方面与对方同步，将产生意想不到的效果。

肢体动作、脸部表情及呼吸的模仿与使用是最能帮助你进入他人频道及建立亲切感的有效方式。当你和他人谈话、沟通时，你模仿他的站姿或坐姿、他的手和肩的摆放姿势、他的其他举止，将让他产生一种认同感。例如，许多人在交谈时惯用某些手势，你也不妨时常使用这些手势来做表达。

你这么做，开始可能会觉得可笑或不习惯，但当你能模仿得惟妙惟肖时，对方会莫名其妙地喜欢你、接纳你，他们会自动将注意力集中在你身上，而且觉得和你一见如故。

四、双“语”同步

所谓双“语”同步，是指语调与语速要同步。

大家都知道，我们是通过我们的5种感觉来收取信息的，即视觉、听觉、触觉、嗅觉和味觉。其中，最主要靠视、听、触三种感觉来接收信息。由于受到环境、背景及先天条件的影响，每一个人都会特别偏重于使用某一种感官要素作为大脑接收、处理信息的主要渠道。

视觉型的人倾向于以眼睛来理解周围的世界及信息，同时借助视觉形象或图案的方式来记忆与思考；听觉型的人喜欢用耳朵来知觉事物，同时也依赖在行为或表达上使用明确的文字或信息；触觉型的人依靠他的经验或感受来接收或传达信息。

视觉型的人说话速度快，音调也较高，他们的呼吸较为短促，胸腔起伏较大、较明显；听觉型的人说话不疾不徐，音调平和，呼吸匀称，起伏较大；触觉型的人说话慢吞吞的，声音低沉，说话时停顿时间长，同时说话时所使用的肢体动作或手势较多，通常以腹部呼吸。

在交谈时，语调和语速应与对方同步。碰到一个视觉型的人，他讲话快，你也讲话快；他音调高，你也提高音调。碰到一个听觉型的人，他讲话很注重抑扬顿挫遣词造句，你也注意抑扬顿挫，不快不慢。而当你碰到一个触觉型的人，他要讲一讲停一停，你也要注意跟上他的节奏。

五、语言与文字同步

何谓语言与文字同步呢？很多人说话都惯用一些术语，或是善用一些词汇。比如说，“搞定”“OK”等。如果你能听得出对方的惯用语，并时常用他的这些口语，对方非常容易感觉你很亲切，听你说话就特别顺耳，自然对你会有好感。

⊙第九章⊙

中层管理者的解难之道

中层管理者是各类组织序列中的中坚力量，兼有领导者和下属的双重身份，这种特殊的状态使整个中层群体处在最活跃、最不稳定的结构之中，在“上压下挤”的复杂环境中，中层管理者总会遇到这样或那样的难题。其实，难题的出现是在所难免的，也是合理的。一个高明的中层管理者不会害怕难题，而是想办法解决难题。

如何向下属分配工作

中层管理者的一个重要职责就是给员工安排工作。他要不时向员工提出工作要求，同时也经常要面对员工提出的要求。

中层管理者向下属分配工作应当遵循以下原则：

一、任务与职能相称

这里有两层意思：一是你所分配的任务应当是他的职责范围之内的，是属于他岗位责任制范围之内的事。当然，一些特殊情况下的特殊任务，也需要临时变通，但不能太多，特殊情况一过，还应当各司其职，各负其责。二是所分配的任务要与他的能力相一致，有多大能力的人就分配给他多重的活儿。此外，在工作量上也要考虑，工作交得太多，会使下属感到承担不了，太少又使他感到英雄无用武之地。

二、交代必须明确

在分配任务时，以下各项应当十分清楚：什么任务，属什么性质，有什么意义；应达到什么样的目标和效果，什么时候完成；向谁请示汇报；应遵循哪些政策原则；执行任务者在人、财、物和处理问题方面有哪些权力；步骤、途径和方法是什么；可能出现哪些情况，需要注意什么问题。当然，以上各项要因人因事而异。重要的事就要交代得严肃、明确、具体，简单的事就可以简略一些;对于头脑聪明、经验丰富、一点就通的人，可以简明扼要，不必耳提面命，啰啰唆唆；对于新手和能力差的人，要尽可能把想到的东西都告诉他，使他少走弯路。

三、要同下属商量

下达指令、分配任务之前，自然要充分准备，把问题想得周密些。但在向下属交代的时候，还是应当抱着商量的态度。对于自己感到不太有把握的意见，要虚心向下属征询，如果下属的意见有道理，就要及时采纳；即使对于自己的设想感到很有把握，也要善于启发下属动脑筋，提看法，以便使指令更完善、更加合实际；如果执行者没有什么意见可提供，可以通过适当的问话，来检验一下他对指令是否充分理解了，是否变成了他自己的思想；对于那些执行者有权随机处理的细枝末节，则不必过多纠缠，议论不休，以免束缚下属的手脚。所以，在一般情况下，不要形成领导者居高临下，一二三四布置一大套，执行者俯首听命、机械服从、不置一辞的僵硬气氛。事实证明，在布置任务时只有对下属抱着信任、尊重、平等、虚心的态度，下属才容易理解，乐于接受，也才能更好地执行。

如何处理害群之马

有5类员工必须严肃处理，就是平时不处理，也应该用强烈的态度，给予他们明确的讯息。这5类员工是：

一、行为失德的员工

二、态度恶劣的员工

三、浪费的员工

四、懒惰的员工

五、怠工的员工

如何面对团队老化现象

团队发展到一定阶段就会进入团队老化阶段，表现为团队持续增长能力下降，团队凝聚力弱化等，归纳起来团队老化现象会体现在多个方面：观念老化、情感老化、职业道德老化、能力老化、心态老化、精神状态老化等。团队老化的成因比较复杂，有来自队员自身缺乏“永动力”的因素，更多的是来自外部，来自环境，来自组织。

其中有几点原因是显而易见的：

一是企业没有希望，或者说是员工看不到企业的希望。

二是组织缺乏激励机制，干好干坏一个样，想干的和不想干的、会干的和不会干的收入差距没拉开。

三是官僚机制制约市场机制，有位子才有车子、有票子，没有位子任你怎样能干只能原地踏步，收入与付出总是不对称。会干活的不如会当官的，跑市场的不如跑官的。几乎所有的企业都很少有下属的收入超过上司，即使有也很短暂。如此会打击了员工的积极性。

团队老化还表现在管理者的老化和组织上的老化：

一是组织内部的不团结，在团队内部搞小帮派，而不能使整个团队形成为了一个共同目标而努力的有机整体，把企业弄得四分五裂。

二是不懂管理，不懂业务知识，更说不上创新，形成行为上的“三拍”作风——明知任务完不成，为保自己的位置先拍胸脯答应下来；然后拍下属的肩膀，毫不负责任地把工作任务随便分给下属；最后工作任务无法完成时拍桌子骂人，把责任推给下属。

三是前后方相互扯皮、相互牵制，甚至遇到具体问题时相互推诿，以执行公司制度为名设置阻碍。想做事的人做不了事，也不知道该找谁发火，致使企业内部公关难度大于企业外部公关。

四是强调领导的权威，颐指气使，靠权谋管理而不是靠办法管理。如果在团队内部出现这些现象，就会使团队成员的积极性遭到打击，使团队管理失去意义。

解决团队老化问题，首先要解决的是人的态度问题。一个人如果不想在这个队伍里有所作为，或者对这个队伍很失望、很绝望，任何管理对他都是无效的。唤起人的欲望是一切管理和培训的基础，可以说好的团队首脑无一不是优秀的鼓动者，先为队员描绘出一幅最新最美的图画，让队员愿意干，再身先士卒、冲锋陷阵让队员跟着干。中层管理者在管理团队的时候可以通过对员工的思想政治工作，在员工中树立共同的愿景，让员工具有积极向上的强烈欲望，赋予团队以新的活力，解决团队的老化问题。

树立共同的愿景也是管理成本最低的一种管理方法，因为它极大地调动了人的主动性，使得人们想方设法为实现共同的梦想而奋斗。

如果所有的员工都有了这样一个共同的愿景，那么就会给员工带来持续的发展能力，不断调整自己的行为去为这个共同目标而努力。当然这个共同的愿景是随着企业的发展以及企业所面临的环境的变化而变化的，中层管理者在进行团队管理的时候应该不断与员工之间进行沟通，促进共同愿景的不断完善和发展，从而给员工带来持续的发展动力，避免团队老化的出现。

如何解决危机

作为领导，工作中难免会遭遇挫折和困扰，最大的困境当属危机；而真正能体现领导指挥能力的，非突围困扰、战胜危机莫属。

作为领导者，要勇于迎接危机对于其能力和心智的考验，主动出击，调动自己全面的进取能力，真正把握大局。

危机突发时，一般人会手足无措，惶惶然不知所以，难以冷静理智，更不知从何入手解决问题。而优秀的中层管理者在困境中能够做到超然镇定，迅速根据形势做出主动进取的决断，在熊熊烈火中显示出钢铁般的意志和品质。

第一，在临危受命之时，最重要的问题是如何巩固自己的地位，而解决这个问题所碰到的最令人容易丧失信心的难题是，危机所造成的混乱使人心浮动，下属对去留问题犹豫不决；对新任领导不信任，抱漠然观望态度。在这种情况下，领导者果断有力地采取一系列符合实际的措施是完全必要的，从容不迫地踢好“头三脚”，是赢得拥护和支持，巩固自己地位的关键。

第二，在战胜危机的过程中，冷静理智是头等重要的，没有这个前提，一切无从谈起。同时，必胜的信念也是非常重要的，没有必胜的信念就不能稳住军心，获得号召和凝聚下属的进取力。

第三，战胜失败，走出困境，更需要领导者不屈不挠的钢铁意志和高超的智慧。失败与危机相比较，在程度上是完全可以彻底击垮一个人的意志的，能不能敢于屡败屡战，有没有毅力起死回生，是对领导的意志和品质的考验。如何走出低谷，解决困扰生存发展的问题，更多的是需要在进取技巧上下功夫，注重策略研究。

男性中层管理者如何与女下属相处

男性中层管理者在与女性下属相处的过程中，一定要注意时间、地点、场合和自己的言行举止，使彼此间的距离不越过正常的工作关系界限。这里列举6种自控方法，让你在与女性下属相处时有益无害。

一、男性中层管理者不要轻易到女性下属的家里去

二、在办公室谈工作最好有第三人在场

三、在公共场合更应保持距离

四、男性中层管理者应与女下属保持生理上的距离

五、言谈举止要注意分寸，不可过分随便

六、不单独与女下属去娱乐场所

女性中层管理者如何与男下属相处

男性认为，为女性上司工作会使他们面上无光。从调查结果看，有一半以上的男性持有这种观点，认为当他们的上司是女性时，会觉得自己很无能。

女性被提拔为中层管理者，男下属不服气，是我们现实生活中司空见惯的事。面对如此境况，女中层管理者如何把握分寸、张弛有度地发挥聪明才智来获得男性下属的拥戴呢？

一、对男下属不能过分谦恭

作为成功的女中层管理者，其面临着多方面的压力。除了因为性别歧视，还面临着男性下属不愿服从的麻烦。作为女上司，你要对他用软功，苦口婆心，他会看扁你。因此，对待这类男性

下属，没有必要处处谦让，而应拿出上级的权威，让他感到你不是吃素的。当然，若能恩威并举，是最有效的，只不过这种恩要建立在威的基础上，对女性领导来说更应如此。

二、树立自信能干的形象

作为成功的女性中层管理者，首先应相信自己，只有你自己坚定不移，男下属才会毫不犹豫地跟随你。第一让你的男朋友不要在你上班时打电话，也不要让男朋友到单位来接你。更不要在众人面前或电话里跟他撒娇发嗲，这样才能显示出自己的工作责任心及起码的独立能力。第二，和男下属相处不要寄希望得到他们的特殊关爱，除非你足够能干，否则男人是不会真心帮助你的，即使平时口头上关照，但遇到实际情形，他们不但可能爱莫能助，还可能嗤之以鼻。

三、不要伤害男下属的自尊心

这并不是要你处处迁就男下属的想法，但一定要明白，男人总是很自信。这种自尊心实际非常脆弱，一遇到女人威胁到他的存在，就会产生抗拒的心理。所以女性中层管理者若想在单位站稳脚跟，就必须懂得在适当的时候维护一下他们的自尊，并夸奖他们一两句。但要记住：这种夸奖要有分寸，否则别人可能误会你对他有意，而令你尴尬。

四、征求男下属的意见

征求男下属的意见也是一种赞赏。因为这表示你作为中层管理者重视他的见解和经验，令他感觉到自身存在的重要性。但你在征求意见时，不要让他觉得你事无大小都要过问一番，这样会令他觉得你根本没有判断力，不懂得抉择。

征求男下属的意见时要注意：

1.在单位，不适宜和男下属商量纯私人性的问题，如家庭、丈夫、朋友等问题，除非你和他私交相当不错。

当然，诸如你想买汽车、投资股票或购买房子，又知道他在这方面有研究，就可以在适宜的情况下（如午饭、下班后）向他讨教，保准会令他觉得你有眼光而对你友善，以后也会主动向你提建议。

2.对于纯属公事性的问题，则可以随时提出，用不着不好意思。

五、不要在男下属面前掉眼泪

女性很容易用哭来要求想要的东西。但在工作的环境里，这种女性化的情绪表现是不能容忍的。虽然这一哭可能会立刻得到同情，但这只是一刹那间的事。从长远的眼光看，不但有损你中层管理者的威严，也对你的事业形象有害。在有些情况下，男人能接受某些女人的眼泪，但对中层管理者绝对不能。他们会鄙视动不动就哭的女人，并以此断定该人不能做大事。所以，你一定要学会控制自己的眼泪。

六、批评警告要讲究策略

作为一个女性中层管理者，当面临男性下属没做好工作而需要批评时，往往会觉得难以启齿，担心伤害男人的自尊心。但为了大局，你还是应该不顾情面，该批评就批评。在批评之前，最好先赞赏几句，然后再具体地提出建设性的批评意见，并提供改进的方法，同时，不要在一群人面前批评男下属，也不要在下属面前说其他男下属的缺点。

七、公私分明是防线

照章办事，公私分明，这是做工作的基本常识，但要在工作上严格照章办事并不容易。通常，有些人会钻人情空子，不按常规办事，男下属往往会设下爱情或友情陷阱，诱骗女领导往里钻。当女性迷迷糊糊尚不清醒时，已在不知不觉中做了男下属的工具。故女性中层管理者有了办公室友情或恋情时，遇到涉及公事的事，也要理智对待，不违反原则。

⊙第十章⊙

应对管理难题的技巧

任何事物的发展都不可能是一帆风顺的，就中层管理者实施领导活动而言，也一样会发生这样那样意想不到的“管人难题”。如果处理不当，这些难题就会成为你事业发展上的绊脚石。以下情况应当引起中层管理者的足够重视。

如何对待不服从命令的下属

对于中层管理者来说，他们可能遇到的最难处理的一种情况就是一位员工不接受指示或者干脆把它当成耳旁风，或者在开会时当着其他员工的面对中层管理者做出不礼貌的举动。这种无礼的行为经常发生在那些曾经为部门做出过重大贡献的老资格员工身上。而新被任命的中层管理者面临这种情况的可能性又最大。某位员工可能会试图影射或者暗示新任中层管理者解决不了手头的问题。如果这种行为受到指责，这位员工又会做出让步并声称所说的话都是在开玩笑。

1.别受愚弄。下属这样的行为是对中层管理者权威的一种直接攻击。一定要重视这种情况。忽视它就意味着中层管理者将会逐渐失去部门中所有员工的尊敬。如果一个员工不服从命令的做法得到了允许，那么其他人就会认为他们也可以这样做。

2.别让问题成堆再去处理。如果不引起重视，它们会反复发生的。

3.在部门内把问题解决掉。高级管理层希望中层管理者有能力对本部门的人员进行有效控制，而不需要上级提供帮助。把有这类行为的员工叫到你的办公室，开诚布公地与其谈一谈所发生的事情。在会面之前要有所准备，弄清楚自己想要说什么，直接而简明扼要地阐明问题（拐弯抹角是一种错误的做法）。

4.在遇到员工不服从命令的情况时，中层管理者可采取以下步骤：

（1）立即与下属讨论这一问题。

（2）让下属知道违抗命令的行为是无法被接受的。

（3）让下属知道这种行为方面的问题应当由他自己去解决。

（4）告诉下属如果他们能改正其行为，自己是不会对他们怀恨在心的。

如何管理恃才傲物的下属

有的下属恃才傲物，仗着自己才高，目空一切，有时甚至玩世不恭，对谁都不在乎。掌握这种下属的个性特点并学会与之和谐相处，那么你要用他就容易多了。身为中层管理者时刻保持冷静以宽容的态度对待那些不把你放在眼里的下属，不仅仅是为了在他人心中更进一步地树立你成熟稳健的形象，实际上你的做法本身也是对他的一种教育。

与这些下属相处，中层管理者必须采取有效的措施，才能让其心服口服，为你所用。以下向你提供三种办法：

一、要有意用其短，善于挫其傲气

恃才傲物者并非万事皆通，样样能干，充其量只是在某些方面或某个领域里才能出众、出类拔萃，在其他方面可能就不如别人。

所以，你可以找机会，人为地给他制造一些麻烦。最好是在单独场合，安排一两件做起来比较吃力而且比较陌生的工作让他去做，并且要求限时完成任务。只有当他发现他独自一个人不可能完成所有任务的时候，他才会意识到他人的重要性。当然这也不必刻意地“密谋”，只需在问题出现的时候你“无意”促成一种“巧合”，使他突然孤立无援而且不会意识到这是一个有意的安排就可以了。此时的他在你小心的施压下，也许会体会到自己的那份力量简直微乎其微，对自己的能力也会有一个重新的认识。

二、要用其所长，切忌压制打击

恃才傲物的人，大都怀有一技之长，否则，无才可“恃”，更无“傲”之本。中层管理者在与这种下属相处时，要有耐心，要视其所长而用之，绝不能采取冷处理的方法，为了压其傲气，将其搁在一边不予重用。

须知，这样做不仅不能使下属正确地认识自己的不足之处，相反，会使其产生一种越压越不服气的逆反心理，说不定从此便会与你结下难解之仇，工作中有意给你拆台，故意让你出丑。

三、要敢担担子，以大度容傲才

这种人干什么工作都掉以轻心，即使再重要、再紧迫的事情，他们也会表现得漫不经心。所以，常常会因其疏忽大意而误事。作为上司切不可落井下石，一推了之，要勇敢站出来替部下担担子，使他感到大祸即将临头，领导一言解危。日后，他在你的面前再不会傲慢无礼，甚至会对你言听计从。

如何避免"强迫命令"

中层管理者命令下属，如果没有实际必要，切记不要使用强制性方式；如果非这样不可，发布命令时一定要注意下面几点原则：

1.要确定一个命令存在的实际必要。

2.发布命令的你要表现出希望下属马上执行的神态。

3.绝不要发布你不能强制执行的命令。

4.发布命令要清楚、完整、正确而简洁。

5.发布命令时要表现出绅士风度，不要拿出暴君的作风。

6.口头发布的命令必须要求别人给你重复一遍。

7.命令少并不能减轻你的领导责任。

8.监督你的命令的执行情况。

命令总是令人不快的，除非迫不得已，否则禁止使用。

如何管理与你对立的下属

作为中层管理者应该要善于运用语言技巧，消除与下属间的对立意识，调动下属的主动性。同时，作为中层管理者在命令这些与自己对立的下属时也要讲究方法，下达命令要温柔，切不可与其发生矛盾。

对于下面两种类型的下属，采取温柔的方法下达命令会得到较好的效果。

一是性格倔强的下属。当中层管理者向他们下达命令时，他们会感到受到刺激，因而拒绝执行。即使去执行的话，也不是心甘情愿的。因此，改命令为建议，可以使其接受。

二是比自己年长或同龄的下属，或曾经取得过一些成绩的下属。对于这两种类型的下属，中层管理者可以对他们说："我需要借助于你们的经验和智慧……"这样就表现出较谦虚的态度。要增加工作量或者工作难度特别大的时候，就对他们说："这种工作只有你们才能完成。"给予一定的认可和赞美，让他们心里感到自己是有价值、有地位的。因此，其积极性就提高了。

如何管理"老上级"

一、尊重

无论怎样，请做到对他们足够尊重，即使是在他们某些行为过激的情况下，你也必须忍耐，尽量保持心平气和的态度与之交谈，不要因为自己一时按捺不住而最后追悔莫及。

二、与他们保持一定的联系

工作上，不妨向他们多多请教，毕竟“姜还是老的辣”。生活中，你也可以与他们保持一定的私交。周末陪着老师傅出去钓钓鱼、聊聊天，也算是表示一下你对他的关心，同时联络一下感情，让他感觉到你仍是一如既往地尊敬他，会让他感觉更加欣慰一些。

三、陈述对立意见

前面讲了，总会有些时候，你要以一个管理者的身份与员工们共事，尤其是在双方争论问题的时候，更要注意分寸，不要摆领导的架子。但这并不意味着你一定要遵从于他的意见，相反，你在充分掌握了正当理由之后，应该据理力争，对原则性问题丝毫不能让步，并要有耐心有信心、说服他们服从命令。因为毕竟你是领导，也是最终的责任承担者，你理应有权支配整个事态的发展而享有最终决定权，这就是“理性大于情感”的时候。

四、以公司利益为根本出发点

实际上，报答曾经的上级的最好的方法，是继承他的意志，发展公司业务；而对于他个人也可以用额外的手段来表示尊敬和重视。所以，在某些极端情况下，当你和前领导们关系处理得十分不融洽，并已经严重地阻碍部门业务的时候，你就要认真考虑一下，为了公司的利益你是否要做些什么了。

如何对付斤斤计较的下属

中层管理者对待斤斤计较、自私自利的下属，要注意以下几点：

1.满足正当要求。与这样的下属相处，对他们的合理要求应给予满足，使他认识到你绝不为难他，应该办的事情都会给他办。

2.拒绝不合理要求。对于他的不合理要求，在委婉地摆出不能答允的原因之后，巧妙地劝阻他不要得陇望蜀。

3.办事公平。如果下级中有这样的人，当你制订利益分配计划时，要充分发挥同事的监督作用，将计划公布于众，使大家感到是在公平之中进行利益分配，这样便可避免他与你纠缠。

如何解决优秀下属的辞职

在许多情况下，中层管理者对优秀下属的辞职毫无办法。在这种情况下，你应与他进行一次长谈，或承诺在你的职权范围内给予他额外的津贴，最重要的是对工作成果给予肯定。这样做可能会留住他。

要注意到，许多员工的去意并不坚决。他们对离开一家公司去另一家公司工作的决定并不很确定。如果一次长谈不起作用，那就多谈几次，第一次不起作用的论据可能在第二次起作用。并且一定要强调：

1.你对该员工工作的高度评价。

2.长期工作所带来的稳定性。

3.再次对该员工的工作给予高度评价。

4.从一个熟悉的工作环境换到一个不熟悉的工作环境可能遇到的问题。

5.你对员工工作的再一次高度评价。

但不要作你所不能兑现的空头许诺。除非你有能力做到，否则不要许诺加薪、提升或增加其工作责任。

如果你的这些策略都不起作用，该员工最终辞职了，而且他所具有的才能无可比拟，他的工作也无人能替，这时你该怎么办?

1.你应对这种局面的出现感到惭愧。不要出现只有某一人掌握某些知识与技能，而没有培训其他人掌握相关知识与技能的情况。你要为他休假、生病或辞职做准备，不要让他把重要的公司经营信息装在脑子里带走，而一定要让他留下书面材料。

2.要知道部门内没有谁是必不可少的，包括你自己在内，没有了谁，公司都不会倒闭。如果把这个问题看作是无法解决的，这会影响全体员工的士气。

3.对该员工的工作要做详细调查。如果可能的话，在他离开之前与他坐下来回顾一下他所做的工作。先列出重要的问题，然后再列出不太重要的问题，因为一些工作细节将来很可能会对你造成困扰。找个人替换辞职者，并让这个人与你一起工作，一起按现有的文件记录开展工作。

4.把他的工作分给几个人干，这会避免给一个人增加太重的负担。这样做也会给每个人充分的时间来熟悉工作。

5.别让类似的事件再发生，保证每个员工都接受交叉培训。对公司内每个职位的工作都有预备人员。

如何对待员工上班时间办私事

员工的工作时间，在很多领导的眼中，就等于员工对公司的价值。因为公司聘请员工，目的是为了他能在工作时间内为公司服务，如果他在办公时间经常处理私事，自然是损害了公司的利益。

作为中层管理者，要处理员工在工作时间办私事的问题，得先找出原因，然后就不同的情况，作弹性的处理。

有些职员在工作时间办私事，是因为工作岗位过于清闲，他没有别的事情可做，唯有找别的方法打发时间。中层管理者可安排较多或较有挑战性的工作给他，情况会自然地改善过来。

现在有不少打工仔有数份兼职，由于在正式上班以后，没有足够时间应付兼职工作，于是便利用了正职的工作时间。或许他的工作能力较强，尚能应付工作量的要求，但在质的方面，可能是马虎了事。对待这些员工，你要清楚表明立场，要求他不要在办公时间另赚外快；在下班后，如果他的兼职工作没有与公司利益发生冲突，你便无须提出严格的要求。

令员工遵守公司的纪律，当然是中层管理者的职责，但切勿忘记你要做一个有人情味的中层管理者。有些情况下，员工办理私事是情有可原的，例如员工家里发生事故，或者只在工作较清闲时，偶然打私人电话。如果在上述情况下，仍要严格执行纪律，终会招致员工的反感，在有需要时，很难要求他们通力合作。

如何面对员工提出加薪

你的部门中会发生一些不可避免的事。有时，一位员工会走进你的办公室对你说：“头儿，我觉得应该给我加薪了。”

怎么回答好呢？如果你所在的公司有年终工资评定和根据绩效决定的加薪制度，那么这就很容易回答了。告诉他有关评定制度的细节，其中包括下次评定的时间。对其到目前为止的绩效和表现进行评价，然后就可能把他送出门了。

如果加薪不是按惯例，而是依照你的推荐进行，那么告诉他你推荐加薪的标准是什么。并把它与该员工的表现相比较。听取员工对自己表现的看法（基本上你是对该员工当时的表现给予评价）。你必须回答的两个问题是：

1.该员工工作是否出色？

2.考虑到该员工的服务年限，与做此工作的其他人的工资水平相比较，该员工的工资水平是否合适？

如果第一个问题的答案是“是”，第二个问题的答案是“不”，那么也许你应该考虑推荐他加薪了。但在许多情况下，你不会立即给他加薪的，因为他表现得不是那么出色，这是很尴尬的情况，因为员工并不这么认为。在这种情况下你应当：

1.重申一下你推荐加薪的条件。

2.重申一下该员工的表现，以及其不足以被加薪之处（同时对取得的成绩要给予肯定，你肯定不想让员工非常失望）。

3.明确指出需要改进之处。

4.对他改进工作绩效提供帮助。这条建议最重要，因为你不能对员工置之不理。告诉员工有关绩效改善的要求绝不是拒绝给表现出色的人加薪的搪塞之辞。

⊙第十一章⊙

中层管理者处理矛盾冲突的艺术

在一个单位中的部门之间、个人之间、群体之间，对某项任务、某个问题在利益和观点上不一致，是常有的事，有时双方甚至会剑拔弩张，搞到十分紧张的地步。有人估计，领导者要花上20%左右的时间来处理各种冲突。但是，这并不能说领导无能或失败，反而说明冲突在人际关系中是固有的，不能回避，必须予以适当的处理，化不利为有利，化害为利。这就需要中层管理者运用调停纠纷和处理冲突的技巧，即所谓的应变艺术，采取对策，及时地解决问题，按照既定目标，控制整个局势。

没有冲突的组织是没有活力的组织

一、正确看待矛盾和冲突

1.用辩证的观点看待矛盾和冲突

随着时代的变迁和管理学的不断发展，人们对于冲突的看法也在不断地变化。以下是当前对冲突的三个看法：

第一，在组织中，冲突是很常见的，因为组织成员不见得对其职务和责任感到满意，而且每个人对组织目标的承诺并不相等。

第二，有些冲突对组织成员和组织目标的达成是有害的，另外一些冲突却是有利的。从冲突的性质来看，冲突可分为建设性冲突和破坏性冲突，两者的划分不是绝对的，往往是综合交叉的，也可相互转化。

第三，缓和冲突的原则，对那些有危机存在的组织（如军队）和业务较具便行性的组织是有帮助的，但对于富于知识性的技术型组织（如从事研究发展的组织）就不适用了。

如果冲突和压力反映了一项促进竞争、提高注意力和工作努力的承诺，那可能是有益的。太少的冲突，可能导致停滞不前，但无法控制的冲突会对组织产生威胁。由于成员和组织对压力承受的能力不同，因此领导者要尽可能地控制冲突发展并化解冲突。最主要的是，冲突本身并不危险，危险的是处理不当。

2.直面矛盾和冲突

美国西点军校编写的《军事领导艺术》一书对冲突的积极作用进行了探讨，指出群体间的冲突可以为变革提供激发因素。当工作进行得很顺利，群体间没有冲突时，群体可能不会进行提高素质的自我分析与评价，相反，群体可能变成死水一潭，无法发掘其潜力；通过变革促进成长与发展，群众间存在冲突反倒会刺激组织在工作中的兴趣与好奇心，这样其实反而增加了观点的多样化以便相互弥补，同时提高了紧迫感。

二、冲突可能比一致更可靠

面对冲突采取的不同态度，会直接影响到事业的成败。对于一个领导者来讲，在组织内部没有任何冲突并不一定是件好事，因为冲突存在是正常的，在多数情况下，冲突可能比一致更可靠，关键的问题是如何解决冲突。

如何面对上级领导间的矛盾

一、要不即不离，忌亲疏有别

一个单位的两位主要领导闹矛盾，作为中层管理者干部，必须以实事求是的精神，站在客观公正的立场上，将一碗水端平，绝不可凭个人好恶、感情亲疏、“势力大小”，亲一方、疏一方，维护一方、反对一方。只要不违背原则，两位上级领导说的话都要听，布置的工作都应完成，即使工作很忙，一时难以完成，也要根据轻重缓急合理安排，做到统筹兼顾，不可厚此薄彼。当遇到两位上级领导安排的工作彼此矛盾时，要善于动脑，通过认真思考和分析，对原则错误或虽无原则错误但在实践中行不通的事情，不能盲从，是哪位上级领导布置的，就要坦诚地向其说明情况，解释清楚，提出自己的看法和建议，当好参谋。解释时，只谈自己的看法，不可透露另一领导的不同意见和那位上级领导要自己完成的工作。

二、要“超然事外”，忌卷入是非

中层管理者要恪守“三不”：一不多嘴多舌，添油加醋，介入矛盾，参与“派仗”；二不当传话筒，这边说说，那边讲讲，通风报信，两面讨好；三不在群众中嘀嘀咕咕，乱发议论，评判谁是谁非。

三、要主动协调，忌隔岸观火

作为中层管理者，对上级领导之间的矛盾，既要超然事外，又不能隔岸观火，坐山观虎斗。要尽自己所能，做些沟通协调、化解矛盾的工作。

四、要善于补事，忌添油加醋

作为中层管理者，不能在上级领导之间有意见分歧或矛盾的情况下再从中挑拨是非，但采取冷眼旁观的态度也不对。正直聪明的中层管理者要善于从中补事，多做补台的工作、促进团结的工作。主要需从以下几方面入手：

1.听到某上级领导对其他领导不满或说了贬低其他领导的话，绝不可把话传给对方。传的结果，只能是成事不足，败事有余，于事无补，而不传本身就是补事。

2.上级领导在气头上，你是不能再去火上浇油的。你可以自然地把话题引开，谈点儿能使他高兴的事情，也可以拉他下盘棋或喝喝茶等，让他消消气。通常情况下，一个人冷静时认识问题和在气头上认识问题结果是不一样的。他气消了再细想一下，也许不用别人提醒什么，自己就明白了问题该如何处理。

如何处理与上级领导的矛盾

在处理与上级矛盾冲突的过程中，坚持有限忍耐和合理斗争与自我保护相结合的方法，是灵活性和原则性相统一的有效策略。

一、有限忍耐

所谓有限忍耐，是指中层管理者从维护良好上下级关系的愿望出发，在一定限度内对自己的欲望、情感和利益等方面所作的自我约束。

二、合理斗争

所谓合理斗争，是指中层管理者从维护正常上下级关系或个人权益出发，与某些领导的错误行为所做的斗争。

合理斗争与有限忍耐是相对应的，是处理上下级关系的一种辅助手段。忍耐不是无限的，不是唯一的，不是万能的，有时需要合理斗争来配合。

有限忍耐，可以使上级和下级都增加自我审察的机会，有利于其各自的自我良知发现和自我完善。合理斗争，可以使上下级关系中存在的重大问题和障碍得以克服和消除。

三、自我保护

中层管理者有时可能会与上级领导意见相左，其表现为：有时要终止对上级领导的支持，或与上级领导划清界限，或公然与之对抗。这时，你需要找到能够保护自己的“武器”（如资讯、盟友、法律以及法律顾问等），以便让心存报复的上级领导，不敢轻举妄动，借此迫使他们回头是岸。

如何解决同级领导之间的矛盾

同级中层管理者之间是一种竞争与合作相互并存的关系，相互之间发生这样那样的矛盾冲突是十分正常的事。善于驾驭矛盾的人往往能把握住矛盾的本质和规律，知道如何对待矛盾、化解矛盾，并因此积累了丰富的经验。在化解矛盾的过程中应该注意以下几个方面的问题：

一、把矛盾消灭在萌芽状态

在工作中有效防止和解决冲突，要抓准矛盾焦点。无论是个人之间还是群体之间，当冲突尚未发生之时，某一矛盾积累的问题，就成为双方关注、争执、互不相让的焦点，如双方继续在某个焦点上积累矛盾，发展到一定程度，就会围绕这一点形成冲突。

当然，矛盾和冲突发生后当事双方要果断处置，迅速控制事态。然后通过细致的工作和有效的策略适时解决。只要把握了解决矛盾的主动权，任何矛盾和困难都是可以解决的。

二、警惕隐藏在矛盾背后的第三种因素

一般来说，矛盾存在于冲突的双方之中。可是，真实情况往往并不这么简单，经常是有一只无形的手从中作梗，导致了矛盾的复杂化、激烈化，从而使矛盾难以化解。

这只无形的手，就是俗称的“小人”，因此，身为领导者，在与同僚发生冲突和矛盾时，一定要冷静分析冲突的缘由，警惕某些别有用心的人乘虚而入，要以大局为重，采取息事宁人的态度，尽快弄清问题，缓解冲突，达到新的团结。

三、必要时给予坚决反击

对于不知高低进退的人，必要时，你必须予以严厉的回击。否则，就不能阻止其无休止的纠缠。和善不等于软弱，容忍不等于怯懦。优秀的领导者知道一个有力量的人在关键时刻应捍卫自尊。凡是必要的交锋，都不能回避。在强硬的领导面前，许多矛盾冲突都会迎刃而解。

四、有话好好说

容易与人争吵者往往有三个毛病：一是说话含糊，不坦白，不能准确地表达自己的意思；二是口气生硬，措辞激烈，没有回旋的余地；三是自以为是，盛气凌人，听不进别人的劝告。

所以，我们在和同僚的交往中，要好话好说，而不能个性太强，应表现出有教养的克制态度。

1.对于同僚间的不同看法，最好以商量的口气指出来。

2.听取对方的意见要耐心，不要自以为是地进行反驳。

3.心胸开阔，能体谅对方在过激情绪下的言辞，不抓住对方不放。

同级中层管理者之间只要能互谅互让，有些冲突是可以避免的。

如何化解团队之间的矛盾

公司中会有许多个像你的部门一样的工作集体，这些团队之间相互合作与竞争的局面很容易产生多种矛盾冲突。

当中层管理者发现你的大部分员工对某个工作团队产生了厌恶情绪的时候，你最好认真地做一些调查工作：

1.证实这种厌恶情绪是否真的存在？是否具有广泛性？是针对个人的，还是集体？

2.这种厌恶情绪产生的时间、原因？

3.这种厌恶情绪将可能导致的后果？

4.这个工作团队是否也已对你领导的团队产生对立情绪？

当你进行了上述的调查工作后，你应开始着手解决这一冲突。

首先，应召集本部门的员工，让所有员工发表自己的意见，陈述观点，然后向员工分析冲突的危害性，做说服教育工作；最后，你与员工初步达成有利于消除冲突的方案。

其次，你应与另一个团队（冲突的另一方）的同级领导进行沟通。在沟通过程中，双方的态度是非常重要的，双方应该在真诚坦白的基础上进行沟通，否则，如果有一方或者双方仍抱着狭隘的“局部主义”观念，都从自身的部门利益出发，那么矛盾冲突就不可能解决。因此，双方应该以协商的态度，设身处地地为对方想一想，为公司的利益着想，逐步达成对双方都无损害的措施，只有这样，才不至于使冲突进一步激发。

最后，上述两项工作一旦完成，你就可以召集双方的所有成员举行一个大会。当然，在问题没有解决之前，这样的大会火药味是很浓的。这就需要双方的领导或主持人善于控制现场气氛。会议上可由双方分别选出几位代表发表他们各自的观点，然后由双方主管各自发表自己的看法及双方协商的意见，供员工们参考；接下来便可由员工们提问或发表意见；最后，双方主管及协商人共同达成一项解决方案。

经过上面三个步骤，团队间的矛盾冲突也应化解了一大半。余下的工作也就是针对个别员工，分别的说服教育。

在解决团队间的矛盾冲突时，身为中层管理者，下面几条原则尤为要注意：

1.要保持客观公正。作为主管，不可太意气用事，一心只想着自己部门的利益，因为一旦你与本部门员工同仇敌忾，你们与另一个团队之间的矛盾冲突就会更加激化。因此，你应尽量站在第三者的角度冷静地分析冲突，这样才有助于你得出正确的结论。

2.应以公司的整体利益为重。局部服从整体。团队间的冲突肯定会对公司的整体利益造成损害。在处理这类矛盾冲突时，你应有大局观，有时甚至可以为大局利益而牺牲部门的部分利益。